ÉTIENNE DE GRELLET

ÉVANGÉLISTE FRANÇAIS AU DIX-NEUVIÈME SIÈCLE.

PUBLIÉ PAR LA SOCIÉTÉ DES LIVRES RELIGIEUX
DE TOULOUSE.

TOULOUSE, IMPRIMERIE DE A. CHAUVIN, RUE MIREPOIX, 3.

ÉTIENNE DE GRELLET

ÉVANGÉLISTE FRANÇAIS AU DIX-NEUVIÈME SIÈCLE.

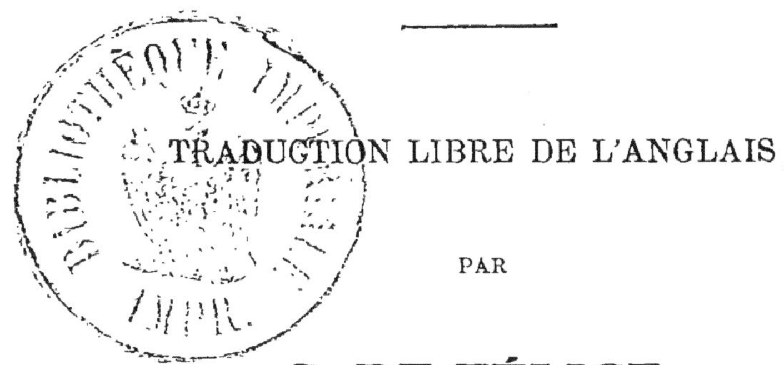

TRADUCTION LIBRE DE L'ANGLAIS,

PAR

G. DE FÉLICE,

Auteur de l'*Histoire des Protestants de France*, etc.

TOULOUSE,
SOCIÉTÉ DES LIVRES RELIGIEUX.
DÉPÔT : RUE ROMIGUIÈRES, 7.

1867

NOTE DU TRADUCTEUR.

On a déjà publié dans notre langue quelques pages, ou fragments sur la vie et les travaux d'Etienne Grellet ; mais ils n'ont pas obtenu peut-être toute l'attention, ni excité tout l'intérêt qu'on aurait dû leur accorder ; et quand il s'agit d'un si excellent serviteur de l'Evangile, on n'a pas à craindre le reproche de redire ce qui a été dit, ou de refaire ce qui a été fait.

J'ai reçu une brochure, ou *lecture*, selon la locution anglaise, c'est-à-dire une conférence de M. *Edward Ash*, M. D., sur Etienne Grellet. Je ne connais point l'auteur de cet écrit ; mais, après l'avoir lu, je me suis persuadé qu'il serait utile de le mettre sous les yeux des membres de la communion réformée de France.

M. Edward Ash me paraît être tout ensemble un chrétien fidèle, un esprit judicieux et un habile écrivain. Il a fidèlement résumé ce qu'il y a d'essentiel et de plus édifiant dans les deux volumes qui contiennent les *Mémoires* d'Etienne Grellet. On peut regretter, sans doute, quand on connaît l'original, l'extrême brièveté de cette notice ; mais il faut se souvenir que l'auteur a voulu faire une simple conférence ; et en se rappelant quelle est l'habituelle sécheresse des abrégés, on doit remercier M. Edward Ash d'y avoir mis tant d'intérêt, de mouvement et de vie.

Chemin faisant, il examine plus d'une question importante, et le lecteur se convaincra qu'il discute chacun de ces sujets avec autant de justesse d'esprit et de sobriété d'expression que de fidélité chrétienne. Garder un sage tempérament dans de telles matières, et en racontant l'histoire d'un tel homme, c'est en-

core là une qualité peu commune, et que je
tiens à signaler dès l'abord.

Ma traduction n'est pas rigoureusement lit-
térale. Çà et là j'ai condensé ce qui m'a paru
un peu prolixe, et ailleurs j'ai ajouté quelque
courte réflexion à celles de l'auteur anglais.
Cette liberté, contenue dans d'étroites limites,
ne change rien à la physionomie, ni au caractère général de l'opuscule.

Quant au fond même de l'ouvrage, le lecteur en jugera ; mais je crois pouvoir lui dire
d'avance qu'il en recueillera de bons fruits.

Etienne Grellet, Français d'origine, chrétien jusque dans le dernier fond de son âme,
évangéliste par vocation, entièrement dévoué
depuis les années de sa jeunesse jusqu'à son
heure suprême aux plus grands intérêts de
l'Evangile, de l'Eglise et de l'humanité ; Etienne
Grellet nous offre dans tout le cours de sa carrière de pieuses leçons à recueillir, et de saints
exemples à suivre.

On pourra n'être pas d'accord avec lui en
tout point ; mais il faudrait plaindre celui qui,

après avoir appris ce qu'il a fait, ne se sentirait pas ému d'une généreuse émulation, et ne se dirait pas devant sa conscience : Que ne suis-je aussi croyant, fidèle et charitable que cet homme-là ! Le rationaliste lui-même, je me l'assure, pourra sentir dans les profondeurs de son âme, ces émotions et ces regrets.

Mais je ne veux pas étendre cet avant-propos. Je me confie à l'ouvrage même pour en attendre de salutaires effets, sous la bénédiction de Dieu.

Août 1867.

ÉTIENNE DE GRELLET

ÉVANGÉLISTE FRANÇAIS AU DIX-NEUVIÈME SIÈCLE.

INTRODUCTION.

La vie et le nom même d'Etienne de Grellet sont probablement inconnus de la plupart de ceux qui ouvriront cet opuscule. Et cependant quel homme remarquable, surtout au point de vue religieux ! Il a dépassé de beaucoup, dans sa carrière d'évangéliste, le niveau commun. Ses travaux, ses actes, ses bienfaits lui méritent la reconnaissance de la chrétienté, et doivent intéresser tous ceux qui s'intéressent eux-mêmes aux progrès de l'Evangile dans le monde. Sa vie peut inspirer aussi des pensées et des sentiments dont il importe de se pénétrer dans l'état présent de l'Eglise.

Faisons connaître d'abord l'homme même ; car nous aimons naturellement à nous former une idée de l'aspect, de la physionomie de ceux dont nous étudions le caractère et les actes. C'est le moyen de les *individualiser*, de les rendre plus vivants pour nos cœurs, et de les placer en quelque sorte au nombre de nos amis personnels.

Il y a près de cinquante ans que j'ai vu pour la première fois Etienne de Grellet. J'étais bien jeune alors, et je le contemplai, je l'écoutai avec la curiosité d'un enfant. Il captiva mon attention par l'énergie de ses traits et par son accent, qui révélait une origine étrangère. Quand je l'ai rencontré plus tard, j'avais cessé d'être un simple curieux : la sympathie, la confiance, le respect dominaient en moi tout autre sentiment.

Représentez-vous donc, cher lecteur, un homme de taille moyenne, assez maigre de corps et de figure, se tenant droit, n'offrant rien d'attrayant au premier abord, mais faisant pressentir, dans toute sa personne comme dans ses discours, un heureux mélange d'intelligence et de piété, de sérieux et de gravité, d'énergie et de douceur. Ajoutez à cela les manières polies de son pays et de sa race ; enfin, pour achever ce portrait, le maintien, le langage d'un quaker, ou d'un membre de la Société des Amis. Chacun discernait aisément, sous des singularités de plus d'un genre, le gentilhomme de bonne maison et bien élevé.

Je viens de dire qu'il appartenait à la communion des quakers. Il y était entré, en effet, dès ses jeunes années par des circonstances qui seront exposées plus loin, et il y resta fidèlement attaché jusqu'à ses derniers jours. Mais tout en ayant pris place dans une section spéciale de l'Eglise, il aima, il servit constamment l'Eglise chrétienne tout entière. Nulle étroitesse dans son cœur ni dans ses convictions ; rien de sectaire dans ses actes, et l'on trouvera dans cette notice le serviteur de l'Evangile, dans ce qu'il a d'élevé, de large, de dévoué, bien plus que le quaker avec ses vues et ses pratiques distinctes.

J'ai puisé les matériaux de mon opuscule dans les deux volumes des *Mémoires* d'Etienne de Grellet, publiés à Londres, il y a quelques années. Il avait emprunté aux Amis l'habitude de tenir un journal quotidien. Il y inscrivait régulièrement ses impressions, ses projets, ses expériences, tout ce qui avait attiré l'attention de son esprit, ou remué le fond de son âme. Grellet sera donc ici, en quelque sorte, son propre biographe, et nous le verrons tel qu'il se voyait lui-même dans sa conscience et devant Dieu.

Mais ce ne sera pas une tâche facile de résumer, dans les bornes que je dois m'imposer, deux gros volumes remplis de tant de matières instructives et intéressantes. J'y ferai de mon mieux, et j'aurai atteint mon but, si le lecteur éprouve le besoin de recourir à l'ouvrage original. Je peux lui dire, avec une pleine assurance, qu'il ne se plaindra pas d'y avoir perdu son temps.

I.

Etienne de Grellet du Mabillier, connu en Angleterre, aux Etats-Unis et ailleurs, sous le nom plus bref de *Stephen* ou *Etienne Grellet*, était né à Limoges en 1773. Ses parents avaient de grandes propriétés, et occupaient une haute place parmi les familles nobles de la province. Ils étaient, comme la presque totalité des habitants, catholiques romains de naissance et de profession.

Le jeune Grellet reçut, comme on peut le présumer, une éducation distinguée, dans le sens mondain ou classique du terme. Il passa plusieurs années dans les colléges, et y acquit des connaissances étendues, qu'il sut employer plus tard au service de sa carrière d'évangéliste chrétien.

Si nous considérons cette éducation au point de vue des croyances et des sentiments religieux, elle fut marquée par certains faits qui révélèrent de bonne heure en lui de pieuses aspirations, comme nous aurons lieu de le montrer bientôt; mais il y avait là de grandes lacunes, et notre écolier ne connaissait guère les vérités fondamentales de l'Evangile.

Etienne Grellet n'avait pas encore atteint l'âge d'homme quand sa carrière et ses études furent troublées par la Révolution de 89. Ses parents embrassèrent, comme la plupart des familles nobles, la cause de la royauté ; et notre jeune homme, à peine âgé de dix-huit ans, alla prendre place, avec plusieurs de ses frères, dans l'armée des émigrés, qui essayait, sous la conduite des princes de Bourbon, et avec l'appui des étrangers, de restaurer par la force des armes la vieille monarchie française.

On connaît les suites de cette entreprise. Après plusieurs batailles auxquelles Etienne Grellet ne prit aucune part directe, à cause de son âge, ces projets de restauration échouèrent et furent abandonnés. Alors il chercha un asile en Hollande, et de là il s'embarqua pour le continent américain, accompagné de l'un des membres de sa famille. L'un et l'autre s'arrêtèrent quelque temps à Demerara, puis ils se dirigèrent vers les Etats-Unis en 1795. Ce fut là le pays d'adoption et la résidence habituelle de notre futur évangéliste.

Il ne tarda pas à y éprouver une transformation profonde. Mais avant de mentionner et de caractériser ce renouvellement qui détermina toutes les idées, toutes les œuvres de sa vie, disons quelques mots de son histoire spirituelle dans les années antérieures : on y reconnaîtra une fois de plus que les éminents serviteurs de Christ ont généralement ressenti, dès leur jeune âge, les effets de la grâce divine.

Il nous apprend que, dans son adolescence, il avait déjà compris, en certaines occasions, ce que c'est que de prier Dieu du fond de son cœur, et de voir en Lui le Père qui est dans les cieux. « Oh ! s'écrie-t-il, les douces et saintes émotions que j'ai quelquefois éprouvées, quand j'étais encore sur les bancs du collége ! Quelles ferventes prières j'ai prononcées à genoux, et le visage baigné de larmes ! Dieu s'approchait de moi ; il était avec moi. »

Ces émotions étaient sincères ; et si l'on en demandait une preuve, nous pourrions citer les mécomptes amers dont il nous fait l'aveu, quand il découvrit, après avoir été admis à la première communion, que son cœur n'était pas véritablement changé, que le péché domi-

nait en lui, et que son inclination vers le mal
était aussi forte que jamais.

Il faut dire plus ; hélas ! et c'est aussi l'histoire de bien des chrétiens ; ce sont des expériences qui montrent à quel point le cœur na-
turel de l'homme est éloigné de Dieu : Etienne
Grellet vit bientôt s'évanouir, ou s'éteindre,
toutes ses convictions religieuses, et il ne par-
venait à les ressaisir qu'à demi, de loin en
loin, quand il se sentait sous le coup de quelque grave maladie.

Avons-nous besoin d'ajouter que sa vie de
soldat, tout en lui laissant quelques sentiments
de religion, n'était guère propre à les fortifier?
Il sut se défendre des égarements extrêmes,
et ce fut encore une grâce de Dieu envers lui.
Durant son séjour à Demerara, cependant,
dans une scène de désordre, il parut avoir
perdu toute croyance religieuse, et s'imagina
que l'existence de Dieu même était une erreur,
ou une illusion.

Mais cette grossière et funeste incrédulité ne
prit pas racine dans son âme. On le voit, peu
après son arrivée aux Etats-Unis, embrasser la
foi chrétienne avec une sincérité, une ardeur,
qui ne se démentirent plus. Il avait alors vingt-
deux ans, et ce fut l'œuvre de l'Esprit-Saint ;
car il résidait seul, ou presque seul, à la cam-

pagne, et l'on ne voit pas qu'une intervention humaine l'ait conduit au pied de la croix.

C'est depuis lors que des circonstances qu'il serait trop long de rapporter le mirent en relation avec la Société des Amis; et, au bout de quelques mois, ce catholique romain de nom, cet incrédule de fait, était devenu croyant, un croyant sérieux, humble, fidèle, un quaker bien décidé à marcher dans sa nouvelle voie avec une mâle persévérance, et au prix des plus grands sacrifices.

Il avait reçu la doctrine chrétienne dans toute sa plénitude : la divinité du Christ, le pardon, le salut en Lui seul, l'entière suffisance de son œuvre expiatoire. Durant près de soixante ans, il enseigna, il proclama ces vérités fondamentales devant des multitudes de personnes de tout rang, de toute condition; et lorsque des doutes sur ces points capitaux pénétrèrent jusque dans le sein de la communion religieuse à laquelle il s'était associé, il fut l'un de ceux qui déployèrent le plus de fidélité et de constance à les soutenir.

Quelque temps après la grande transformation qui s'était accomplie dans son âme, il se sentit pressé par le même Esprit de rendre témoignage, au milieu de ses frères, à ce qu'il avait lui-même cru et savouré. « Un jour, dit-il, me trouvant dans une assemblée des quakers, j'entendis une voix qui me disait au fond du cœur : *Annonce aux autres ce que le Seigneur a fait pour ton âme.* » Il obéit sans retard à cet appel intérieur; et bientôt ses frères le reconnurent solennellement comme l'un de ceux que le divin chef de l'Eglise avait appelés à être prédicateurs et ministres de sa Parole.

En s'acquittant de la mission qui lui était confiée, il comprit bientôt qu'il devait accomplir l'œuvre d'un *évangéliste*. Et qu'est-ce qu'il entendait par là ? Quelque chose d'analogue à ce qui a été fait par les apôtres de l'Eglise primitive, et plus tard par les Wesley, les Whitefield, et d'autres grands serviteurs de Christ.

L'évangéliste ne concentre pas toute son action dans un lieu déterminé. Il regarde, il agit au delà, et ne connaît de limites que celles qui lui sont imposées par la mesure de son temps et de ses forces. Il veut agir en quelque manière sur le monde entier, parce qu'il y trouve partout des esprits à éclairer et des âmes à convertir.

C'est ainsi que nous voyons Etienne Grellet parcourir à diverses reprises l'immense territoire des Etats-Unis, depuis les rivages de l'Atlantique jusqu'aux prairies lointaines de l'Ouest, et depuis le Canada jusqu'au golfe du Mexique. Il fait une excursion dans l'île d'Haïti, autrement nommée Saint-Domingue. Il traverse quatre fois les vastes abîmes de l'Océan, et emploie plusieurs années à prêcher l'Evangile dans les îles Britanniques. Ce n'est pas même assez pour son laborieux et infatigable dévouement. Il s'applique à servir la sainte cause de la foi chrétienne sur le continent de l'Europe, du nord au midi, de l'est à l'ouest. La Norwége, la Suède et la Russie, l'Italie et la Grèce, la Hollande, la France et l'Espagne, la Hongrie et l'Empire ottoman, sont successivement les théâtres de sa féconde activité.

Il faut dire plus.

Assurément, son premier objet, son but suprême était le ministère évangélique, le désir, l'espérance d'amener et d'unir les âmes à Christ. Il s'y attacha tout spécialement dans les Etats-Unis et en Angleterre, où se trouvaient des communautés auxquelles il appartenait lui-même. Là il employait surtout ses forces au développement de la piété, de la vie chrétienne ; mais il était bien loin de s'y renfermer exclusivement. Ses *Mémoires* nous apprennent qu'il embrassait les champs de travail les plus divers : c'est-à-dire que dans toutes les choses où il pouvait exercer son amour fraternel, ou manifester, appliquer son ardente sollicitude pour le salut des âmes, il était là, mettant la main à l'œuvre, et ne s'y épargnant point.

Il visite, il tâche d'instruire, de moraliser et d'édifier des personnes de toute condition sociale et de [toute réputation : les plus pieux et les plus dégradés ; rois et princes, pauvres et mendiants ; hommes cultivés, savants illustres, et ignorants ou illettrés de l'ordre le plus infime ; ecclésiastiques et laïques, militaires et jurisconsultes, professeurs et élèves ; gens de classe opulente, vivant dans toutes les splendeurs du luxe, et humbles travailleurs mangeant leur pain à la sueur de leur visage.

En accomplissant cette grande et sainte mission, il prêche en plein air devant des milliers d'auditeurs, ou il s'introduit dans des lieux de culte de tout nom et de toute espèce. On le rencontre tour à tour dans les palais et les chaumières, les académies et les couvents, les hôpitaux et les écoles, les casernes et les prisons, les lazarets et à bord des navires, prêchant la parole en temps et hors de temps, comme parle l'Apôtre, et s'efforçant de glorifier son Dieu, de travailler à l'avancement de son règne, d'étendre les bienfaits du salut en Jésus-Christ.

Est-ce tout ? Pas encore : le chrétien qui

veut et sait employer fidèlement ses journées
fait à la fois les plus grandes choses , et les plus
variées. Après avoir enseigné la parole de la
vérité et de la grâce, Etienne Grellet, toujours
attentif à ce qui promettait d'augmenter le bien-
être de ses semblables, et prompt à y concourir,
se livrait à d'autres travaux , ou formait d'autres entreprises dont il attendait pour eux quelque avantage matériel ou spirituel.

Ainsi , dans ses premiers voyages sur le territoire de l'Amérique , il distribua abondamment
des exemplaires de la Bible et de livres religieux. Sur le continent de l'Europe , quand il
visite des contrées où dominent l'Eglise catholique et l'Eglise grecque , il saisit toutes les
occasions de répandre le volume sacré. En
France , en Russie , et jusque dans l'île de Saint-
Domingue, il s'adresse aux chefs de l'Etat pour
obtenir que les livres impies ou licencieux
soient remplacés par la Bible dans les écoles
et autres établissements d'éducation.

Ainsi encore, quand il pénètre dans les prisons, les hôpitaux , ou institutions de même
espèce, il ne se contente pas de travailler au
bien spirituel de ceux qui y sont renfermés ; il
observe , il étudie d'un œil attentif le traite-
ment auquel ils sont soumis ; et quand il dé-
couvre des abus , il les signale avec courage

aux hommes influents qui peuvent les redresser.

Après y avoir mis son cœur et son temps, il eut souvent la joie d'apprendre que ses efforts avaient été couronnés de succès. Et combien de malheureux, combien de prisonniers lui furent redevables d'une sensible amélioration dans leur destinée ! Essuyer des larmes, adoucir des souffrances, relever et consoler ses frères, Etienne Grellet le cherchait toujours, et y parvint souvent.

Certes, il ne pouvait pas oublier les millions d'esclaves noirs de sa patrie adoptive. Ecoutez-le, quand il élève la voix contre la tyrannie et la cruauté des maîtres. Suivez-le en Europe, quand il invoque devant les princes et les hommes d'Etat les droits sacrés de la conscience et de la justice. Ecoutez aussi, quand il proteste contre la guerre, ce terrible fléau qui fait subir tant de souffrances matérielles et morales à l'humanité !

II.

Après avoir jeté avec nous un rapide coup d'œil sur les croyances et les œuvres de ce dévoué serviteur de Christ, le lecteur éprouvera certainement le désir de le mieux connaître dans sa vie privée. Arrêtons-nous donc pendant quelques moments sur ce sujet ; considérons l'homme même dans l'intérieur de sa maison, et nous reviendrons ensuite à l'évangéliste chrétien.

Il nous apprend que la fortune de sa famille avait été presque entièrement engloutie dans le vaste gouffre de la Révolution. Ses ressources étaient fort médiocres, quand il arriva aux Etats-Unis, et elles furent bientôt épuisées ; de sorte qu'il dut se procurer des moyens d'existence en donnant des leçons de langue française.

Quelque temps après, il entreprit des affaires de commerce, et les poursuivit pendant de longues années, mais en les interrompant, sans regarder à sa propre fortune, quand des devoirs de piété et d'amour fraternel l'appelaient ailleurs.

On s'étonnera peut-être qu'un homme appelé à exercer le ministère de l'Evangile se soit livré à des entreprises commerciales. Mais la Société des Amis ne réprouve point l'union de deux vocations si distinctes, et rien n'est plus admirable, plus digne de respect que la manière dont il sut les concilier.

Le sens pratique, l'énergie, l'activité d'Etienne Grellet pouvaient faire prévoir qu'il

obtiendrait de grands succès dans le négoce,
et nous savons par lui-même qu'ils ne lui man-
quèrent point. Mais les richesses d'ici-bas
n'étaient pas du tout la principale affaire de sa
vie. Il ne s'était fait commerçant que pour
n'être à charge à personne, ni lui, ni l'Evangile dont il était le messager.

Certes, il aurait pu se faire défrayer de ses
dépenses, quand il voyageait et travaillait pour
accomplir son ministère. Les quakers le font
toujours et envers tous ; ils lui auraient donné
libéralement et avec joie tout ce qu'il eût ré-
clamé. Mais il préféra y pourvoir par ses ressources propres, ne cherchant, ne voulant que
la satisfaction de servir son divin Maître.

Aussi le voyons-nous tantôt reprendre, et
tantôt suspendre ses affaires commerciales, pour
obéir à l'appel de sa conscience. Il en résulta
que ses bénéfices furent sensiblement diminués.
Vers la fin de sa vie, il fit même des pertes
considérables ; mais il lui resta ce qui suffisait
à ses habitudes simples et à ses modestes besoins.

Pour achever ce que nous avons à dire sur
sa vie privée, ajoutons que, vers l'âge de
trente ans, il épousa une personne qui appartenait à la même communion que la sienne.
Elle fut pour lui une aide précieuse, une com-

pagne chérie ; et loin de l'entraver dans sa carrière d'évangéliste, elle ne négligea rien pour
l'y encourager et fortifier.

Il résida successivement à Philadelphie, à
New-York ; et dans sa cinquantième année,
lorsqu'il eut décidément renoncé aux affaires de
négoce, il alla s'établir à Burlington, dans la
Nouvelle-Jersey. Ce fut sa demeure jusqu'au
terme de son pèlerinage dans ce monde où nous
sommes tous étrangers et voyageurs.

III.

Revenons maintenant au récit de ce qu'il a
fait de plus remarquable, de meilleur, dans sa
vie publique, et occupons-nous d'abord de ce
qui se rattachait aux Etats-Unis, ou à sa patrie
d'adoption.

Nous avons déjà vu que, durant sa courte
résidence à Demerara, les excès et les atrocités
de l'esclavage colonial avaient frappé son esprit
et révolté son cœur. De là son énergique opposition à cet odieux régime. Elle s'accrut en lui
à mesure qu'il étudia de plus près les relations
des maîtres avec les esclaves, et, jusqu'à son
départ suprême, on le trouve dans les rangs des
abolitionnistes les plus décidés.

Chose digne d'être mentionnée, cependant! Quelle que fût son horreur pour le système de l'esclavage, il ne refusa jamais de reconnaître chez certains propriétaires de Noirs des sentiments de piété et d'humanité. Il savait apprécier aussi les obstacles qui s'opposaient à une abolition immédiate et complète, et il ne se joignit pas à ceux qui voulaient y atteindre d'un seul coup, par des moyens irréfléchis ou violents.

C'était de sa part justice et prudence en même temps que fidélité. Il savait unir au plus mâle courage de sages tempéraments, et rien peut-être ne mérite mieux d'être loué en lui que sa manière constante d'agir dans cette grande et redoutable question : soit qu'il fût dans une nombreuse assemblée de propriétaires d'esclaves, soit qu'il eût avec eux des conversations particulières, il dénonçait avec énergie les traitements barbares infligés aux Noirs, et les fatales conséquences qui en sortaient ; mais aussi il s'arrêtait dans les limites de l'amour fraternel, et en plaidant la cause des opprimés, il n'exagérait pas les torts des oppresseurs.

Que résulta-t-il de là? Un effet bien simple et bien utile tout ensemble : c'est que les maîtres supportaient sa hardiesse à cause de son équité et de sa charité ; c'est aussi qu'ils per-

mettaient à leurs esclaves , — concession très-
rare à cette époque, — d'assister à ses réunions
religieuses , étant persuadés qu'il ne dépasse-
rait pas, en s'adressant aux esclaves, les bornes qu'il s'imposait en présence de leurs maîtres. Un autre fait qui prouve à quel point son
caractère était estimé et son œuvre appréciée
dans les Etats esclavagistes , c'est que Grellet
devait insister auprès des maîtres d'auberge
pour faire accepter le prix de son entretien. On
ne voulait pas de son argent, tellement on ad-
mirait son zèle et les heureux fruits de ses travaux.

Si nous regardons aux infortunés enfants de
l'Afrique , nous voyons que ses pieux discours
et les accents de son cœur dévoué contribuè-
rent souvent à les soutenir, à les consoler dans
leur dure servitude. Il ne les poussait pas à
briser violemment leurs chaînes ; mais il leur
apprenait, à l'exemple de saint Paul , qu'ils
pouvaient être libres , spirituellement libres
dans leurs liens; et il leur annonçait le grand
Rédempteur, qui sympathisait à leurs souffrances, et leur avait ouvert par son sacrifice la
porte du bonheur éternel.

Dans quelle mesure la conscience des propriétaires d'esclaves répondit-elle à ses énergi-
ques et saints avertissements ? Nous l'ignorons :

la passion de l'argent et l'habitude de la tyrannie prévalurent souvent contre eux : on ne
saurait en douter. Néanmoins, Etienne Grellet
éprouva plus d'une fois une grande joie, en
apprenant que sa parole n'avait pas été vaine.
Ses *Mémoires* nous font connaître que plusieurs
propriétaires affranchirent leurs esclaves, après
l'avoir entendu ; et que d'autres, pour n'avoir
pas à combattre des difficultés légales, allèrent
s'établir dans des Etats qui avaient déjà re-
poussé le fléau de l'esclavage colonial. C'est
ainsi que la parole de la foi, annoncée par un
cœur droit, par une conscience fidèle, ne
reste jamais sans effet. Il est écrit : « Jette ton
pain sur la surface des eaux ; car avec le temps
tu le trouveras » (Ecclés., XI, 1).

Sa fraternelle sympathie pour la race afri-
caine ne s'exerça pas seulement aux Etats-Unis.
En 1816, il se sentit appelé à faire une nouvelle excursion dans l'île de Saint-Domingue.
L'époque était bien choisie pour y prêcher
l'Evangile, et accomplir une œuvre de relèvement et d'édification.

La lutte si prolongée et sanglante qui avait
assuré l'indépendance de la population noire
était alors terminée. Les discordes intestines
avaient également pris fin, et l'île tout entière
commençait à jouir d'une paix profonde. Au

nord dominait Christophe, avec le titre de roi ;
au midi, Pétion, avec celui de président. Monarchie ou république, les chefs étaient de la
même race que les gouvernés.

Etienne Grellet ne put exercer son ministère
que dans la partie méridionale de Saint-Domingue ; car une sérieuse maladie le força de
quitter cette île au bout de trois mois, et il dut
renoncer à son projet de parcourir le nord
aussi bien que le midi. Mais quoique sa résidence eût été bien courte, la relation qu'il nous
en donne dans ses *Mémoires* offre un vif intérêt, et nous fait voir sous un jour très-favorable les capacités de Pétion, son caractère
moral, la fermeté et les bienfaits de son gouvernement.

Notre évangéliste trouva les portes largement
ouvertes, et un peuple bien disposé à l'entendre. Pétion, ses officiers, et la population en
général, se pressaient autour de lui, et recueillaient avidement ses paroles, en se promettant
de les suivre dans tout ce qu'ils jugeaient conforme au bien commun.

Un jour, il est invité à prêcher dans une
vaste cathédrale catholique, et les prêtres eux-mêmes y donnent leur consentement. Un autre
jour, il élève la voix en plein air, devant une
armée de six mille officiers et soldats. Plus

tard, il s'adresse deux fois à des milliers d'habitants qui accourent de toutes parts afin de s'instruire de ce qu'il avait à leur enseigner. Toutes les classes de la population, comme s'exprime Grellet, lui témoignaient une affection, une reconnaissance profondes : tant il est vrai que ce qui est inspiré par l'amour nous fait aimer par les autres, même les plus ignorants ou les plus abaissés! Soyons d'abord les frères de nos semblables, et ils seront nos frères.

Vers la fin de son séjour à Saint-Domingue, Grellet fut témoin de l'un des terribles ouragans qui désolent si fréquemment cette partie du globe. Les coups de tonnerre, des pluies torrentielles, des fleuves débordés, la dévastation et la désolation étaient partout. — Ce fait, quelque déplorable qu'il fût, n'aurait pas trouvé place dans notre abrégé, s'il ne nous fournissait l'occasion de faire une intéressante remarque sur le style de Grellet.

Rien de plus animé, de plus vivant que la manière dont il raconte ce grand trouble de la nature, et ses *Mémoires* contiennent beaucoup de pages qui peuvent y être comparées. Scènes variées et splendides, coutumes des populations, événements et rencontres de diverse espèce : tout revêt dans son langage un mouvement, un attrait, une puissance qui ne se trouvent pas toujours chez des auteurs plus renommés. C'est un observateur judicieux, un peintre habile ; et il possède à un haut degré le talent de rendre sa pensée, de communiquer ses impressions, bien qu'il eût consacré son temps et les forces de son esprit à des objets tout autres et plus importants que celui de bien dire : nouvelle preuve que le vrai chrétien développe l'écrivain, selon la parole bien connue de Buffon : « Le style, c'est l'homme même. » Quand il s'élève d'un côté, l'être humain ne reste jamais trop bas de l'autre.

IV.

La scène va s'agrandir devant nous.

En 1807, Etienne Grellet s'embarque pour l'Europe, traverse l'Atlantique, et après plus de quatorze ans d'absence, il revient dans son pays natal.

Deux graves motifs l'y ramènent : avant tout, la conviction que son divin Maître l'appelait dans ce champ de travail ; ensuite, sa vive tendresse pour sa mère et pour d'autres membres de sa famille qu'il avait eu le bonheur de conserver. Il espérait être entre les mains de

Dieu un instrument de réveil et de salut pour leurs âmes.

Il arrive à Marseille, et dès qu'il a mis le pied dans cette ville, Grellet s'empresse de saisir toutes les occasions favorables pour annoncer l'Evangile du Dieu-Sauveur. Il poursuit son chemin, parcourt le Languedoc, et y visite quelques petits troupeaux qui, appartenant par leur origine à la Réforme française, avaient récemment adopté les doctrines et les pratiques de la Société des Amis.

De là il se dirige vers les Cévennes, et se retrouve enfin dans sa propre famille, qui résidait encore à Limoges, ou dans les environs. Il y revoit d'anciennes connaissances, avec lesquelles il tâche de renouer de fraternelles relations. Il convoque de petites assemblées dans des maisons particulières, prêche une fois devant quinze cents personnes, sous les arbres d'un verger, et s'adresse même à des prêtres et à des religieuses : heureux d'annoncer le Rédempteur, de réveiller ceux qui s'étaient endormis pendant les jours de la Révolution, et de ramener les égarés.

Napoléon Ier était alors au faîte de la gloire et de la puissance. Il étendait les bornes de son empire jusqu'au nord de l'Europe, et la guerre ne s'interrompait que pour être renouvelée le lendemain.

Etienne Grellet conçut au fond de son âme un projet singulier, qui atteste la force de ses convictions, l'ardeur de son zèle, mais qu'il ne put jamais exécuter. En voyant les calamités que la guerre faisait subir, non-seulement à la France, mais à la plus grande partie de l'Europe, il lui sembla que son devoir était d'aller droit à l'Empereur lui-même, et de plaider auprès de lui la cause de l'humanité souffrante. « Nuit et jour, dit-il, cette pensée, ce désir m'obsédaient. »

Généreux dessein, assurément, noble résolution de la part d'un homme si humble et si obscur. On y peut voir la sainte énergie d'une âme qui ne recule devant rien, ne doute de rien, parce qu'elle veut obéir à l'appel de Dieu, et s'appuie sur son bras tout-puissant. Mais son projet ne devint jamais une réalité. Ce prédicateur si fervent excita les soupçons de l'autorité civile. En vain Grellet sollicita l'autorisation d'aller à Paris ; on ne comprenait pas pourquoi il y mettait tant d'instance ; et plus il s'y obstinait, plus il allait se heurter contre d'insurmontables refus.

Aussi, après six mois de séjour au centre et au midi de la France, convaincu d'ailleurs que l'inquiète surveillance du gouvernement impérial l'empêcherait de poursuivre son œuvre d'évangélisation, Grellet reprit le chemin des Etats-Unis.

Au bout de quatre ans, il tourna de nouveau ses regards vers l'Europe, et sa conscience lui dit qu'il était bien loin d'y avoir fait tout ce qu'il pouvait et devait faire. Il se rembarqua donc en 1811; mais au lieu de se diriger vers la France, il s'arrêta dans la Grande-Bretagne : parcourant les villes et les villages, s'adressant aux disciples de la Réforme en général aussi bien qu'au membres de la Société des Amis, et ne négligeant aucun moyen de concourir aux progrès du règne de Dieu.

Ce fut à Londres surtout qu'il déploya, pendant près de deux ans, une féconde activité. Les grands, les riches, qui ont tant besoin d'être exhortés à se défendre des passions du monde, et à vivre devant le Seigneur dans la piété et la simplicité, furent l'objet de ses pieux appels. Mais il éprouvait une sympathie encore plus vive pour les petits, les malheureux, tous les êtres souffrants; car il se souvenait des paroles de son Maître : « L'Evangile est annoncé aux pauvres. »

La situation de l'Angleterre, à cette époque de guerre universelle, ne lui en offrait, hélas ! que trop d'occasions. Peu ou point de commerce au dehors; le renchérissement des denrées alimentaires au dedans ; de grandes souffrances parmi les classes ouvrières. C'était bien le temps de relever les âmes par la foi, puisqu'elles étaient abattues sous les coups du malheur !

Etienne Grellet entretint d'affectueuses relations avec les ouvriers, ou tisserands en soie de Spitalfields. Combien de titres n'avaient-ils pas, en effet, aux témoignages de sa charité ! Ils étaient pour la plupart les enfants des anciens huguenots, par conséquent Français d'origine, et ses compatriotes. Ils souffraient, ils étaient dans une cruelle détresse, ils avaient besoin de lui ; et comment ne se serait-il pas rapproché d'eux, pour leur offrir tout ce que peuvent donner la foi et l'amour ?

Il visita les asiles des pauvres, les dépôts de mendicité, et s'efforça d'y répandre la bonne semence à pleines mains. Il descendit même plus bas, et ne craignit pas de pénétrer jusque dans les abîmes les plus hideux de la métropole britannique.

On ne s'était guère occupé des êtres les plus vicieux, ou les plus avilis, avant que notre évangéliste eût essayé de leur tendre une main secourable. L'indignation, le dégoût comprimaient les inspirations de la fraternité chrétienne. Grellet tâcha de surmonter ces répugnances. Il convoqua des assemblées de voleurs, de malfaiteurs, de femmes perdues, pour leur faire entendre le message de l'Evangile; et non content de l'annoncer à ceux qui pouvaient encore circuler sur la voie publique, il s'en alla le prêcher aux nombreux détenus des prisons de Londres.

Ces essais d'évangélisation auprès des prisonniers portèrent de bons fruits ; mais ce n'est pas là ce qui mérite le plus d'être signalé et admiré. Les suites en furent bien plus grandes, plus réjouissantes que les commencements. Grellet avait été profondément ému des scènes de dégradation, et peut-être aussi de repentance, qui s'étaient passées au milieu des malheureuses femmes séquestrées dans les cachots de Newgate, et il ne perdit pas un moment pour exciter en leur faveur la commisération et le dévouement d'une femme chrétienne, qui figurait à l'une des premières places dans la Société des Amis.

Ici apparaît la célèbre Elisabeth Fry, dont le nom a été mis par la vénération universelle à côté de celui de John Howard. Sans doute, elle n'aurait pas eu besoin des exhortations et des exemples d'Etienne Grellet pour se dévouer au relèvement des misérables créatures enfermées à Newgate, et pour demander la réforme du régime des prisons. Mais sachons rendre hommage à qui il est dû. Ce n'est que justice envers Grellet de dire qu'il a été l'instigateur de cette grande œuvre, et que ses efforts, joints à ceux d'Elisabeth Fry, ont aussi contribué, non-seulement en Angleterre, mais dans plusieurs pays de l'Europe, à corriger les vieux codes qui prodiguaient les souffrances et le sang des criminels.

Les chrétiens, ou ceux qui en portaient le nom, quelle que fût leur multitude, n'épuisèrent pas le zèle de Grellet. Il entreprit de réunir un grand nombre de juifs, et de leur annoncer le vrai Messie, qui leur offre le salut non moins qu'aux autres membres de la grande famille humaine. Qu'il ait rencontré dans cette nouvelle œuvre une violente opposition, nul ne s'en étonnera : l'apôtre saint Paul nous est témoin de l'opiniâtre inimitié des Israélites contre le Christ crucifié; mais là comme ailleurs, ni les témoignages de la foi, ni ceux de l'amour ne furent entièrement perdus.

En visitant les provinces des îles Britanniques, il marcha sur les traces de Wesley et de Whitefield par ses nombreuses prédications en plein air. Les charbonniers, les mineurs, les ouvriers de campagne formaient habituellement la majorité de son auditoire : gens rudes et grossiers, qui interrompaient quelquefois ses discours par des scènes inconvenantes ; mais combien d'entre eux se montrèrent accessibles aux vérités et aux promesses de la révélation chrétienne! C'est la gloire de l'Evangile de descendre jusqu'aux derniers des êtres humains, tout en restant par le fond de ses dogmes et de ses préceptes loin au-dessus des premiers.

Qu'y avait-il encore à faire pour notre évangéliste? On le chercherait longtemps sans le trouver; mais la piété est plus inventive que la raison, ou l'imagination. L'Angleterre comptait en ce temps-là de nombreux prisonniers français entassés sur de vieux navires, ou dans les pontons qui ont acquis une si triste notoriété. Grellet fut plus humain que les geôliers n'étaient sévères. Il pénétra dans ces réceptacles de la douleur et de la haine. Officiers et autres prisonniers de guerre obtinrent, sur leur parole, la permission d'assister à ses assemblées religieuses : en sorte que des Français, comme il en fait la remarque, des catholiques romains de naissance eurent l'occasion d'entendre de sa bouche, sur la terre étrangère, le message de l'Evangile, qu'il n'aurait probablement pas eu le droit de leur annoncer dans leur propre pays.

En 1813, ayant obtenu par voie d'échange
l'autorisation de retourner en France, et même
d'aller à Paris, Etienne Grellet s'empressa de
le faire ; mais la police le surveillait toujours
d'un œil soupçonneux. Le tableau qu'il trace
de la situation politique de l'empire français est
d'accord avec celui de l'histoire, c'est-à-dire
bien douloureux.

Napoléon Ier avait éprouvé de grands revers,
et soutenait une lutte héroïque, mais déses-
pérée, contre la coalition européenne. A mesure que Grellet s'approchait de la capitale, il
était péniblement ému de tout ce qui frappait
ses regards. Ici, des réfractaires, au nombre
de trente à soixante, liés deux à deux, et
traînés dans les régiments pour y remplir les
vides que les champs de bataille y avaient faits.
Là, des parents en pleurs, des foyers déserts,
une immense désolation. Il faut lire dans ses
Mémoires les descriptions que de si terribles
catastrophes inspirent à son cœur toujours ouvert aux douleurs de l'humanité.

Il se hâta de sortir de la capitale, et d'aller
revoir encore une fois ses parents à Limoges ;
mais il s'y arrêta peu. Les jours de guerre sont
peu favorables aux travaux d'un évangéliste ;
sa voix est étouffée par le grand bruit des
champs de bataille, et Grellet se voyait sans

cesse épié par des fonctionnaires ombrageux, qui ne comprenaient ni l'esprit qui le faisait agir, ni le but qu'il voulait atteindre. C'était pour eux un ancien émigré, devenu moitié Américain, moitié Anglais, et accomplissant une mission étrange, mystérieuse, qui pouvait avoir de fâcheuses conséquences pour l'ordre public.

Il alla donc plus loin, et fit une nouvelle visite à ses frères du Languedoc. Tandis qu'il essayait de ranimer leur foi et leur zèle, il fut sur le point d'être mis en prison ; et comprenant alors que ces temps de trouble ne lui permettaient pas de suivre paisiblement sa voie, il passa en Italie.

Arrivé à Gênes, il se proposait d'aller dans les provinces méridionales de la Péninsule, de visiter Rome et Naples, d'y faire pénétrer quelques salutaires enseignements, et d'être là comme ailleurs l'interprète de la vérité chrétienne. Mais le jour favorable n'était pas encore venu pour lui ; l'état social du pays ne lui offrait pas plus de sécurité que celui de la France, et il se tourna vers le nord de l'Italie, tout en regrettant de ne pouvoir faire mieux ni plus. Nous le trouverons plus tard dans la cité du Vatican, et recevant un bon accueil jusque dans le palais pontifical.

Il se rendit à Genève, en passant par Turin. Le socinianisme parlait haut, il y a un demi-siècle ou plus, dans la cité qui doit à Calvin son grand nom et son autorité. Etienne Grellet ne fut ni silencieux, ni timide devant ce nouvel adversaire. Il rendit témoignage, dans une assemblée de pasteurs, aux doctrines fondamentales des Ecritures ; et, poursuivant son chemin dans les cantons de la Suisse, il eut la joie de rencontrer des frères, pasteurs et laïques, retenant d'une main ferme la vérité qui est en Christ. Il en éprouva du bien pour lui-même ; son esprit, son cœur, abattus par de si nombreux mécomptes, furent en quelque sorte ranimés, rafraîchis ; et ce qu'il avait reçu des hommes pieux, il s'efforça de le leur rendre dans des entretiens fraternels.

De la Suisse il se dirigea vers la Bavière, qui était alors le théâtre d'un grand mouvement évangélique au sein de la population catholique romaine. Les noms de Martin Boos, de Sailer, de Gœssner et d'autres, sont bien connus dans le monde chrétien. Grellet trouva en eux des serviteurs fidèles de son divin Maître, et, à mesure qu'il les connut mieux, il les apprécia, les aima davantage. Les persécutions dont ils étaient frappés excitèrent en lui une sympathie profonde, et ce fut surtout pour soutenir leur cause qu'il sollicita des audiences dans les palais des princes. Il eut de longues et intéressantes entrevues avec le roi de Bavière, puis avec l'héritier présomptif de la couronne. C'était la première fois qu'il s'adressait si haut; plus tard, ce fut un événement ordinaire dans sa vie, et l'on peut à peine compter tous les entretiens qu'il eut avec des personnages couronnés.

Il traversa le Wurtemberg, le grand-duché de Bade, la Prusse, la Hollande, et revint en Angleterre au printemps de 1814. L'empereur de Russie et le roi de Prusse étaient à Londres, et Grellet fut l'un des membres de la députation qui leur présenta une adresse au nom de la Société des Amis.

Après avoir fait un court voyage en Belgique, Etienne Grellet alla se rasseoir à son foyer dans les Etats-Unis. Il avait passé trois ans dans l'ancien monde; et en revoyant son toit domestique, il pouvait rendre grâces au Seigneur de l'avoir si bien soutenu et fortifié dans sa pieuse mission.

V.

Quatre années s'écoulent; et voici Etienne Grellet traversant de nouveau l'Atlantique, afin d'entreprendre des voyages bien plus longs, plus difficiles, et plus mémorables à beaucoup d'égards que ceux qu'il avait faits de 1811 à 1814. Il est revenu en Angleterre, et s'embarque bientôt pour le nord de l'Europe avec William Allen, son ami le plus intime, son excellent compagnon d'œuvre, l'homme, le frère, qui était, à vue humaine, le plus propre à le seconder dans une si vaste et sainte entreprise.

Ce n'est pas le lieu de raconter la vie d'Allen, ni même d'en esquisser les principaux détails. Chrétien dévoué, philanthrope du premier ordre, esprit constamment ouvert à ce qui était grand et bon, toujours disposé à s'oublier lui-même pour le bien des autres, capable des plus généreux et persévérants sacrifices quand il y voyait de grands devoirs à remplir; ami et bienfaiteur des classes populaires dans les écoles, les hôpitaux, les manufactures, les caisses d'épargne, etc., etc. ; aussi honoré dans les palais des grands que respecté et aimé dans les humbles réduits des pauvres, William Allen figure au premier rang des chrétiens et des philanthropes du dix-neuvième siècle. Sa biographie doit être publiée à part, et elle le sera. Il n'intervient ici qu'en sa qualité de compagnon et d'auxiliaire d'Etienne Grellet.

Présentons d'abord un simple tableau géographique des voyages de nos deux amis, avec les noms de quelques-uns des personnages les plus illustres auprès desquels ils ont exercé leur action. La caractéristique de leurs travaux en ce qui concerne les choses spirituelles, morales et sociales, se trouvera dans les chapitres suivants.

Ils commencèrent par la Norwége et la Suède, où le roi les reçut avec une grande cordialité. De là ils traversèrent la Finlande, et se rendirent en Russie.

Ils passèrent plusieurs semaines à Saint-Pétersbourg, employant leur temps et leur influence à toutes sortes de bonnes œuvres. Non-seulement le prince Alexandre Galitzin, mais le czar lui-même, et les deux impératrices, l'une mère et l'autre femme du chef de l'Etat, leur firent le meilleur accueil. Spectacle rare et grand de voir ces Anglais, d'une condition relativement si humble, traités comme des amis, ou mieux encore, comme des frères par les maîtres du plus vaste empire de l'Europe! Nous y reviendrons.

De Saint-Pétersbourg ils se dirigèrent sur Moscou, et y laissèrent des traces fécondes et durables de leur passage. Puis on les voit traverser les steppes de la Russie méridionale jusqu'en Crimée.

Cette excursion offre beaucoup d'intérêt. Nos deux évangélistes sont toujours et partout occupés d'une seule chose, parce que c'est, comme parle Jésus-Christ, la *seule nécessaire*. Ils s'adressent aux colons originaires de la Suisse et de l'Allemagne, qui avaient planté leurs tentes dans ces contrées lointaines, et leur annoncent avec autant de charité que de fidélité la bonne nouvelle du salut. Ils n'oublient dans cette œuvre missionnaire ni les dissidents de l'Eglise grecque, relégués au fond de la Moscovie par la double intolérance des ecclésiastiques et des hommes d'Etat, ni les Juifs nommés *Karaïtes*, ou fidèles disciples des anciennes Ecritures de Moïse et des prophètes.

Il y a, sur les confins de la Tartarie, ou du moins il y avait alors des sectateurs de toutes les religions. Grellet raconte que, dans le court intervalle de quelques heures, il eut l'occasion d'annoncer le pardon qui est en Christ aux croyants les plus divers : Tartares à moitié idolâtres, Mahométans, Juifs, Grecs et Arméniens.

L'immense territoire de la Russie n'avait pas épuisé leur activité ni leur zèle. Ils traversent la mer Noire, débarquent en Turquie, s'arrêtent quelques jours à Constantinople, où ils sont cordialement accueillis par les ambassadeurs des gouvernements chrétiens. Puis ils visitent Scio, les autres îles de l'Archipel, Athènes, Corinthe, une grande partie de la Grèce, qui était encore sous le joug des musulmans. Ils se dirigent ensuite vers les îles Ioniennes, qui s'ouvrent d'autant plus facilement à leur prédication qu'elles appartenaient alors aux Anglais.

Ici, William Allen se sépare de son compagnon d'œuvre. Il le fait à regret ; car il se rappelle que le Seigneur a ordonné à ses disciples d'aller deux à deux, et il a pu souvent reconnaître combien ils se fortifient l'un par l'autre. Mais Allen a été atteint d'une maladie grave : il deviendrait dès lors un fardeau plutôt qu'un aide pour son ami, et se résigne par conséquent à retourner en Angleterre.

Etienne Grellet sent bien qu'il n'est pas seul, puisque son Dieu l'accompagne, et il poursuit sa mission avec une mâle constance. Après avoir achevé ce qu'il pouvait faire dans les îles Ioniennes, il traverse la Méditerranée, et débarque en Italie. L'horizon politique était maintenant plus calme, plus serein, et notre évangéliste peut circuler, parler, travailler en paix, du nord au midi de la Péninsule. Il va de Naples à Rome, et là il obtient une entrevue du pape Pie VII. Il a plusieurs conversations affectueuses, et presque intimes, avec le cardinal Consalvi. Nous ne pouvons entrer dans les détails. Mais n'est-ce pas un fait digne de la plus sérieuse attention que cette demi-familiarité qui s'établit entre un étranger, un protestant, disons plus, un hérétique, et les suprêmes représentants du siége romain? Autorité de la conscience et de l'accomplissement du devoir! puissance des manifestations de l'amour fraternel!

Grellet va de Rome en Toscane; il s'arrête quelque temps à Venise, pénètre dans le Tyrol, et arrive de nouveau en Bavière, où il revoit le roi et son héritier. De même dans le Wurtemberg ; il y retrouve le monarque dont il avait déjà obtenu un accueil si bienveillant, et cette seconde entrevue est accompagnée d'incidents qui font éprouver une profonde émotion.

De l'Allemagne il retourne en Suisse ; et après une courte station à Genève, il rentre, pour la troisième ou quatrième fois, dans son pays natal. Il parcourt avec le même intérêt de conscience et de cœur le Languedoc où il avait des frères dans la foi, le Limousin où étaient ses frères par le sang ; et comme le chemin de Paris ne lui était plus fermé, depuis les grands changements accomplis dans la situation politique de la France, il se dirige sur la capitale,

où le duc de Richelieu , premier ministre de
Louis XVIII, le reçoit et s'entretient avec lui
de la manière la plus bienveillante. Il y avait,
ce semble , une émulation de prince à prince ,
de ministre à ministre, pour lui ouvrir les portes des palais et lui témoigner d'affectueux
égards.

Etienne Grellet avait besoin de prendre du
repos. Il passe de France en Angleterre ; mais
il ne s'y arrête que peu de temps, et en 1820,
il s'embarque pour aller se rasseoir dans sa
maison aux Etats-Unis.

Continuons à montrer le voyageur, le missionnaire, en traçant une esquisse de ses nouvelles excursions.

Un espace de onze ans s'écoule, et notre
évangéliste revient encore dans notre vieux
monde : ce fut, il est vrai, pour la dernière
fois.

(1831) Grellet avait alors cinquante-huit ans ;
il commençait à descendre la pente de la vie,
et sentait qu'il lui fallait accomplir prompte-
ment ce qu'il avait à faire , de peur d'attendre
jusqu'à cet âge avancé où l'on a des regrets sur
ses négligences passées , et non des forces pour
les réparer devant son Dieu et sa conscience.

Il revient donc , et sollicite de nouveau le
concours , l'appui de son ami fidèle , William

Allen, qui n'hésite pas plus que lui, chaque fois qu'il entend l'appel de son divin Maître et du devoir.

Ils travaillent ensemble dans la Grande-Bretagne pendant toute une année. Puis ils vont en Hollande, et de la Hollande dans le Hanovre, où ils entrent en relation avec le duc de Cambridge, qui en était le vice-roi.

Du Hanovre ils vont en Prusse, et de la Prusse en Saxe, toujours bien reçus par les princes, les princesses, et les ministres d'Etat. Leurs services passés écartaient toutes les barrières, et les portes s'ouvraient d'elles-mêmes, pour ainsi dire, devant leur vieille et haute renommée de piété et de dévouement.

Mais il n'en fut pas de même, on doit l'avouer, en Autriche, en Bohême et en Hongrie. L'esprit d'intolérance y régnait au plus haut degré. Nos deux évangélistes étaient suspects, et entourés d'une surveillance hostile. Aussi ne s'arrêtèrent-ils pas longtemps dans l'empire d'Autriche. Ils voulaient agir ; et pourquoi seraient-ils restés là où leur action était incessamment contrariée ou comprimée ?

Ils trouvèrent un champ de travail mieux ouvert et plus paisible dans la Bavière, le Wurtemberg, la Suisse, même dans quelques provinces de l'Italie, et surtout dans les vallées du Piémont, où l'ancien peuple des Vaudois salua d'une voix unanime, et accueillit avec une vive reconnaissance des hôtes si pieux et si généreux.

Mais les voici encore sur le sol de la France, au milieu de ces protestants du Languedoc, dont plusieurs, comme nous avons eu occasion de le dire, s'étaient associés à la communion des quakers, ou des Amis. Il y avait là plus d'un sage conseil à donner, et plus d'une controverse à terminer; car les dissentiments y étaient vifs parfois, et la piété en souffrait beaucoup.

Etienne Grellet se réjouit, en franchissant les portes de la ville de Limoges, de serrer encore dans ses bras sa vieille mère, dont la tête se courbait alors vers la poudre sous le poids de quatre-vingt-dix ans.

Ne laissons pas en dehors de nos récits, quel que soit notre désir d'abréger, les entrevues de Grellet avec sa mère. Il a pris soin de les analyser dans ses *Mémoires*, et il convient d'en dire au moins quelques mots.

Dans son premier voyage, en 1807, cette bonne et respectable femme était encore très-attachée aux doctrines et aux rites de l'Eglise romaine, tellement qu'elle avait ouvert sa bourse pour faire célébrer des messes et prononcer des prières, auxquelles elle attribuait le pouvoir de ramener son fils dans le giron du catholicisme.

Dès cette époque néanmoins les paroles si pieuses et si tendres de son fils commencèrent à faire impression sur son âme ; et Grellet put se convaincre, dans ses visites successives, que sa mère se rapprochait par degrés de la pure lumière de l'Evangile. Enfin il écrit, en racontant sa dernière entrevue avec elle, en 1833 : « Je sens, je vois que ma mère bien-aimée, qui conserve, malgré son grand âge, quelques forces de corps et d'esprit, est dans un état d'âme satisfaisant et réjouissant. Son cœur semble tout pénétré d'amour envers notre divin Rédempteur. Il n'est plus dans la même dépendance ; il ne s'appuie plus au même degré sur la parole du prêtre, ni sur la pratique des formes extérieures, et se confie plus profondément à Christ, au Sauveur des âmes, et à Lui seul. »

Sa vie fut encore prolongée de quatre ans, et Grellet eut sujet d'espérer qu'elle était morte, par la grâce divine, dans la pleine foi en Celui qui donne aux fidèles la rémission des péchés.

Ayant achevé leur œuvre dans le centre et le midi de la France, les deux amis eurent le courage de franchir les frontières de l'Espagne.

Ils s'étaient dit plus d'une fois qu'il y avait là aussi pour eux un impérieux et saint devoir. Mais que pouvaient-ils en espérer? Combien d'obstacles, de dangers même, ne rencontreraient-ils pas sur le chemin! L'Espagne, si catholique, si intolérante par caractère et par tradition, offrait-elle à nos évangélistes la moindre chance de succès?

Mais la conscience, mais le devoir, encore une fois! Et comment se refuser d'avance à y obéir? Ils allèrent donc dans le royaume de Charles-Quint et de Philippe II, qui recouvre les ossements de tant de milliers de martyrs immolés par l'Inquisition; et, chose étonnante, chose encourageante surtout pour les apôtres de la vérité et de la vie chrétienne, la divine Providence les avait amenés là dans les circonstances les plus favorables, c'est-à-dire à une époque où Ferdinand VII et son gouvernement sentaient la nécessité de faire des concessions aux nouveaux besoins du siècle, et de rechercher au moins les apparences d'une administration libérale, s'ils n'en avaient pas les principes ni la réalité.

On doit observer encore, pour compléter ces éclaircissements, que les deux évangélistes apportaient partout avec eux l'amour des pauvres, les inspirations de la philanthropie, des directions propres à soulager toutes les classes de misérables, en sorte que leur intelligente et constante charité recouvrait leur hérésie, ou la faisait oublier.

Ils obtinrent donc à Madrid des audiences du roi et de la reine; ils furent cordialement reçus par le président du conseil des ministres; on leur ouvrit les hôpitaux et les prisons, les écoles et même certaines maisons religieuses, sans que le clergé en prît ombrage. C'était beaucoup pour l'Espagne, et ils rendirent grâces à Dieu d'y avoir été conduits.

A leur retour en Angleterre, ils traversèrent la France, et s'entretinrent avec le duc de Broglie, alors chef du cabinet de Louis-Philippe. Cet illustre homme d'Etat leur témoigna beaucoup d'estime et de cordialité.

VI.

Voilà l'un des côtés de cette œuvre, avec la mention de quelques hauts personnages. Mais ce qu'il importe le plus de faire connaître, c'est l'esprit, ou le fond même de la mission, en nous arrêtant principalement aux indications qui nous sont fournies par Etienne Grellet.

Essayons de nous le représenter, allant de

pays en pays, de ville en ville, et de maison
en maison. Il a dans son dévouement quelque
chose de calme, et en même temps d'énergique et de résolu. Il ne s'arrête que lorsqu'il est
arrivé à la dernière limite de ses forces matérielles et morales. Toujours debout, prêt à saisir tous les moyens d'atteindre son but, il annonce Jésus-Christ, comme il l'avait fait à
l'entrée de sa carrière, dans des assemblées
publiques et des réunions intimes. Point de
distinction pour lui, ni de préférence entre les
grands et les petits, les riches et les pauvres.
Il veut travailler à leur bien-être actuel et éternel. Il en cherche les moyens, tantôt dans une
voie, tantôt dans une autre; et dès qu'il les a
trouvés, il y met la main, et s'y donne tout
entier.

Ce n'est pas sans dessein que nous avons
mentionné ses fréquentes entrevues avec des
personnages couronnés; car il y a ici une face
du sujet qui peut tout à la fois nous intéresser
et nous instruire.

Pourquoi cherche-t-on à franchir le seuil des
résidences royales? Généralement, c'est pour
briguer des faveurs personnelles et satisfaire
son ambition. Rien de semblable dans les motifs qui conduisaient notre évangéliste vers ces
fastueuses demeures. Il ne s'y occupait de lui

que pour mieux obéir aux inspirations de son amour et à la voix de sa conscience.

Que se proposait-il habituellement? Il voulait plaider la cause des opprimés, ou des malheureux; il demandait au nom de la justice que les persécutés fussent arrachés aux mains des persécuteurs; il suppliait les hommes puissants d'épargner aux criminels l'excès de la cruauté, et aux indigents les souffrances de l'abandon; il osait même quelquefois attaquer le fléau de la guerre en signalant à ceux qui l'avaient entreprise toutes les calamités qu'elle entraîne. Ce n'était pas la voix de l'individu seulement qui se faisait entendre dans les palais : c'était le cri de l'humanité.

Mais il faut dire plus encore. La sainte préoccupation du salut des âmes, le dévouement au service et à la gloire de son divin Maître, ce qui avait fait d'Etienne Grellet l'ambassadeur de Christ, l'accompagnait dans les habitations des rois comme dans les étroits réduits des derniers de leurs sujets.

Ecoutons-le : il parle aux princes de la terre, selon l'exemple de saint Paul, de la justice, de la tempérance et du jugement à venir; il les exhorte à s'acquitter des devoirs de leur haute position; il les supplie de servir les grands intérêts de la religion et des mœurs, et

d'opposer des digues au torrent de l'incrédulité et des mauvaises passions; il les encourage
à lutter contre les pernicieuses influences dont
ils sont entourés eux-mêmes, ou enfin il s'ef-
force de les consoler, d'adoucir leurs peines
domestiques et personnelles. Quelle est, sous
des formes si diverses, l'unité de ses intentions
et de son but? Le plus grand bien des princes,
et avec lui, par lui, le bien commun.

Si l'on considère combien il est rare que les
rois entendent des paroles, des appels semblables, ou qu'ils jouissent de cette communion
des âmes, qui est pourtant si nécessaire au
développement spirituel, au bonheur des princes comme à celui des plus humbles parmi les
hommes, comment ne pas s'intéresser et s'é-
mouvoir, en bénissant Dieu, de ces entrevues
qui sont racontées par Etienne Grellet avec autant de simplicité que de force? Ah ! c'est à ce
point de vue surtout, pour se rendre bien
compte de pareilles scènes, à la fois si importantes et si peu communes, qu'il faut recourir
aux *Mémoires* dont nous avons déjà recom-
mandé la lecture.

Contentons-nous d'en esquisser quelques
traits.

Allen et Grellet sont arrivés à Saint-Pétersbourg en 1818. Le czar Alexandre les a invités

à venir auprès de lui, et il les reçoit comme des amis, ou des frères. Eh bien ! voici le tableau, exactement reproduit d'après la réalité. Les deux quakers sont assis sur un sofa, l'un à la droite, l'autre à la gauche de l'empereur. Ils lui signalent ce qu'ils ont vu dans les prisons, les hospices, ou autres établissements publics de ses Etats, et le conjurent de corriger les abus qu'ils y ont observés. Alexandre prête une oreille attentive à leurs remarques et à leurs exhortations. Sa sympathie, sa confiance redouble, et bientôt il leur ouvre son propre cœur ; il leur raconte son histoire personnelle, avec les tentations, les épreuves, les angoisses qu'il a traversées ; et avant qu'ils se séparent, contemplons-les tous trois à genoux, adressant au Très-Haut de ferventes prières pour l'empereur et son peuple. Est-ce là un spectacle qui nous laisse indifférents ou froids ? Bien à plaindre serait celui qui n'en sentirait pas la grandeur, ou qui n'en découvrirait pas la cause première et essentielle dans la religion du Christ !

Nous sommes en 1820. Etienne Grellet a été reçu dans le palais du roi de Wurtemberg. Le moment est sérieux et solennel. Ce prince est en proie à une amère tristesse ; car il vient de perdre une compagne chérie, la sœur du czar

Alexandre. Le pieux et fidèle évangéliste lui parle comme un frère à son frère, et l'accompagne dans la chambre où reposent les enfants qui ne peuvent pas encore sentir toute l'étendue de la perte qu'ils ont faite. Est-ce le roi que nous apercevons ici ? Non, c'est l'époux, le père de famille, le chrétien qui pleure sur le sein d'un ami, et qui trouve dans son attachement comme dans sa foi de précieuses consolations.

Suivons Etienne Grellet devant le roi d'Espagne : Assurément, l'intimité ne saurait être la même ; mais la mâle fidélité de l'évangéliste n'en est pas affaiblie. Il exhorte, il presse le monarque catholique de pratiquer les devoirs de la justice et de la bonté. Il ose faire allusion aux pénibles événements de sa vie passée, et y fait voir des raisons puissantes d'obéir à la voix du Très-Haut, et de lui rendre hommage.

Montons jusqu'au sommet des dignités humaines. Grellet a été reçu dans les appartements du pontife qui siége au Vatican. Il s'incline avec respect devant le vieillard qui représente et gouverne la catholicité ; mais il relève la tête, il reprend toute sa fermeté, en plaidant la cause des captifs si maltraités dans les prisons de Rome. Il ne craint pas de signaler avec une sainte indignation les vices et les désordres de quelques-uns des membres du clergé. Il exprime des plaintes sur les exemplaires de la Bible qui ont été brûlés, et d'autres excès du même genre.

Ecoutons de quelle manière à la fois simple et expressive il raconte la conclusion de son entrevue avec le pontife romain. « En terminant notre conversation, dit-il, comme je sentais que l'amour de Christ rapprochait mon cœur du sien, je m'adressai plus directement à lui. Je rappelai à Pie VII les peines, les souffrances qu'il avait endurées sous la main de Napoléon Ier, puis la délivrance qu'il avait obtenue de la bonté du Seigneur. Je lui demandai si ses jours n'avaient pas été prolongés pour le mettre mieux en état de travailler à la gloire de Dieu, et de magnifier le nom de Jésus-Christ, le Rédempteur, le seul chef de l'Eglise, devant qui tout genou doit se ployer, et que toute langue doit confesser. »

Le même esprit l'accompagnait dans ses entretiens avec les ministres d'Etat, les gouverneurs, les personnages de haut rang, et il poursuivait toujours le même but. Chaque page de ses récits prouve que ce n'était pas pour des raisons mondaines ou personnelles qu'il s'efforçait d'être en relation avec les grands de la terre. Que se proposait-il ? Nous l'avons déjà dit, mais on ne saurait trop le redire au lecteur :

il les exhortait à user de leur crédit, de leur autorité en faveur de la religion, de la vertu, de la justice, de tout ce qui est humain et bon ; il tâchait d'élever leurs pensées, leur cœur vers les choses spirituelles et éternelles. Aussi un haut dignitaire de l'empire moscovite disait, avec une admiration mêlée d'étonnement : « C'est chose bien rare que des vérités si simples et si bonnes à entendre soient proclamées devant nous. »

Il ne s'agissait pas pour Grellet, on le comprend assez, d'obtenir des témoignages de politesse et de courtoisie, ou de vagues promesses qui n'auraient été suivies d'aucun résultat pratique. En Russie, en Espagne, en Bavière, en Toscane, à Naples et même à Rome, il ne se borne pas à solliciter l'autorisation de pénétrer dans l'intérieur des prisons, des hôpitaux, de tous les établissements de discipline ou de charité publique. Il demande et obtient la permission de faire des rapports écrits sur ce qu'il jugera défectueux ou abusif, et d'en indiquer les remèdes.

Que ces rapports aient été lus, nous en avons dans ses *Mémoires* des preuves nombreuses et authentiques. Ce qui valait encore mieux, c'est qu'ils ont souvent ouvert la voie à d'importantes réformes ; et quel précieux salaire pour son âme, quand il apprenait que ses efforts avaient allégé les souffrances, ou redressé les griefs de ses semblables !

On en trouve un exemple frappant dans l'excursion qu'il fit à Saint-Pétersbourg en 1818, et l'on y peut toucher en quelque manière au doigt et à l'œil les heureux fruits de son intimité avec les grands.

Il avait visité, de concert avec William Allen, l'une des principales écoles de cette capitale ; et là que trouva-t-il ? Les livres de lecture mis entre les mains des enfants, et même appris par cœur, contenaient des extraits de Voltaire, ou d'autres philosophes du dernier siècle ! Il en est ému, indigné ; car de pareils ouvrages ne pouvaient guère servir qu'à propager des idées antireligieuses, et avec elles les mauvaises mœurs.

Mais que faire ? Comment porter remède à un si grand mal ? où trouver des moyens pratiques et efficaces ? Les clergé grec est jaloux de ses droits ; il pourra voir avec déplaisir l'intervention de ces étrangers dans les écoles, et son opposition arrêtera tout.

Les deux amis se mettent à réfléchir ; ils hésitent quelque temps. Mais enfin la pensée leur vient de substituer à ces dangereux ouvrages des extraits de la Bible ; car les Grecs s'accordent plus ou moins avec les protestants sur l'autorité des saintes Ecritures. Allen et Grellet s'adressent d'abord à l'empereur, qui les encourage dans leur entreprise ; et ils se mettent immédiatement à l'œuvre, travaillant jour et nuit. Ils sont aidés dans l'accomplissement de cette tâche par l'agent général de la Société biblique de Londres en Russie, et par deux autres compatriotes. L'ouvrage avance rapidement ; il s'achève, et le czar Alexandre ordonne aussitôt d'en faire imprimer des milliers d'exemplaires. Toutes les écoles publiques en sont pourvues. Ce n'est pas tout. Plusieurs contrées de l'Europe entrent dans la même voie, et la plupart des écoles qui sont en rapport avec la Société centrale de Londres adoptent l'abrégé scripturaire des deux amis.

Dira-t-on que c'est là un fait insignifiant ? Il faudrait être bien irréligieux, ou bien superficiel pour le prétendre. Voilà des enfants par centaines de milliers, comme le remarque le docteur Paterson, qui ont entre les mains, lisent et gardent dans leur mémoire les pages d'un livre contenant les doctrines fondamentales, les principaux faits, les préceptes essentiels de la religion chrétienne. Si cette œuvre est humble en apparence, combien n'est-elle pas importante en réalité ! Aucune intelligence d'homme n'en saurait mesurer la portée et les fruits. Dieu seul a pu connaître ce qui en est sorti pour le développement spirituel des nouvelles générations.

Mais nous nous sommes assez arrêtés sur les relations de Grellet avec les rois et leurs ministres. Le lecteur pourrait même croire que tout y était concentré pour notre évangéliste ; mais en ce point il se tromperait gravement. Quand Etienne Grellet se trouvait dans une capitale, et obtenait accès auprès des hommes du pouvoir, il le mettait à profit pour arriver à ses fins, qui étaient les progrès de la piété, de la moralité, du bien-être général. Toutefois, il ne négligeait aucune des œuvres, plus obscures ou plus modestes, qui pouvaient contribuer à l'avancement du règne de Christ. Le rang des individus lui importait beaucoup moins que le réveil de la foi, ou la réconciliation de son prochain avec Dieu.

Il s'attachait constamment, par exemple, à découvrir ceux qui s'intéressaient de cœur aux choses spirituelles et invisibles. Partout où il les rencontrait, son plus vif désir était d'entrer dans une intime communion avec eux.

Ces disciples de Christ appartenaient peut-être à une autre société religieuse ; ils portaient un autre nom ; ils observaient d'autres formes ; leurs lumières étaient incomplètes, et ainsi du reste. Grellet ne s'arrêtait pas devant ces barrières, et sa charité n'était pas refroidie par ces diversités de noms et de pratiques.

Est-il possible de les éclairer, édifier, fortifier dans la vie chrétienne ? Voilà pour lui la première question et la dernière. Il ne cherche pas à recruter en eux des prosélytes pour la société des quakers, bien qu'il y fût profondément attaché. Opinions, sentiments, rites particuliers : c'était quelque chose à ses yeux, mais pas du tout la chose essentielle. Que veut-il, et quel but poursuit-il d'un bout de l'Europe à l'autre, dans la chaumière du paysan, l'échoppe de l'ouvrier, le comptoir du commerçant, le cabinet de l'homme de science, l'hôtel du banquier, le palais du prince ? Glorifier le Christ comme le seul Sauveur du monde, et rendre témoignage à l'Esprit qui réveille, transforme, sanctifie les âmes. Ces devoirs accomplis, que lui reste-t-il à faire ? Prier, prier beaucoup, et donner l'exemple de la fidélité chrétienne.

Rien ne captive plus l'attention dans les pages de ses *Mémoires* que ses longs entretiens avec des personnes pieuses. Il en rencontre souvent là où il n'espérait guère de les trouver. Ici, c'est un homme de grande réputation, ou de grande fortune ; là, c'est un pauvre artisan, qui gagne à peine de quoi vivre ; ailleurs, c'est un individu qui aime la solitude, et n'est pas même connu de ses voisins ; plus loin, ce sont de petites communautés qui confessent ouvertement leur foi et leurs espérances.

Lisons ce qu'il écrivait en 1814, tandis qu'il traversait la Bavière : « Une précieuse semence a été répandue dans ce pays ; mais je n'ai pas encore pu visiter tous les lieux où elle a germé. Je sais que beaucoup d'habitants, les uns de l'Eglise romaine, les autres des Eglises de la Réforme, riches et pauvres, sont prêts à se ranger sous l'étendard de l'Evangile. Prêtres catholiques et pasteurs protestants parlent souvent la même langue, suivent la même voie, et attachent plus d'importance à Christ et à son Esprit qu'à leurs traditions et leurs cérémonies.

En face de l'œuvre immense qui se déployait devant ses yeux, il écrit ces paroles remarquables qui ont été insérées dans la préface de ses *Mémoires* : « Les campagnes sont blanches, et prêtes à être moissonnées. » J'ai souhaité quelquefois d'obtenir les longs jours de Méthuséla ; ou bien j'aurais voulu que le soleil ne se couchât jamais, afin de pouvoir exécuter ma part de travail dans la grande œuvre qui s'accomplit au milieu de ces populations.

En concevant de si hautes espérances pour le présent et l'avenir, il se peut bien que notre évangéliste ait plus écouté les vœux de son cœur que les témoignages de l'opinion commune. Ajoutons pourtant qu'un célèbre professeur de l'Allemagne, le docteur Tholuck, nourrissait alors le même espoir : « L'œuvre du Saint-Esprit, écrivait-il, est aujourd'hui plus étendue, plus profonde qu'on ne le suppose généralement. C'est le commencement d'un vaste réveil. Il y a partout des centaines de jeunes gens qui se régénèrent sous l'action de l'Esprit de Dieu. Les âmes converties forment entre elles une plus étroite alliance. La science elle-même se glorifie d'être la servante et l'auxiliaire du divin Crucifié. Je vois le matin de ce beau jour, et j'en verrai la pleine lumière dans une demeure plus haute. »

Illusion à bien des égards, et tristement démentie par les hommes et les choses, au bout d'un demi-siècle ! Tout n'y était pas chimérique, néanmoins. Ne sait-on pas que le réveil de la Suisse française, qui s'est propagé si rapidement au dehors, date à peu près de cette époque ?

Revenons à Grellet. Il n'y a rien de plus curieux, sinon de plus exact, que ses impressions et ses pressentiments à l'égard de l'Eglise catholique romaine. Quelle que soit la contrée qu'il visite dans toute l'étendue de l'Europe, il raconte que l'Esprit de Dieu agit puissamment chez un grand nombre de membres de cette Eglise. Les faits, les applications en faveur de cette conviction abondent dans les pages de son journal.

Etait-ce l'influence des idées et des souvenirs de ses jeunes années? Pensait-il à sa vieille mère, en se plaisant à trouver de si pieux sentiments parmi les catholiques? ou les voyait-il à travers ses propres convictions? Une chose est certaine : c'est qu'en accompagnant Grellet de pays en pays, dans l'intérieur de la France, de l'Espagne, de l'Allemagne, de l'Italie, et en lisant ses conversations avec des catholiques romains de toute classe, prêtres, moines, laïques, on est amené à en tirer cette conclusion, qu'il se faisait un grand travail spirituel dans l'enceinte de la catholicité. Ne prononçons point; l'avenir seul peut éclaircir ce qui est encore enveloppé pour nos faibles yeux de voiles si épais.

VII.

Nous avons rapidement esquissé les principaux traits de ces remarquables voyages, ainsi

que les raisons qui les ont fait entreprendre,
et les résultats que Grellet avait l'espoir d'en
obtenir. Mais une autre et grave question s'est
posée, sans doute, devant l'esprit de plus d'un
lecteur. Quelle était la loi intérieure, ou la direction qui présidait à ses desseins, et lui montrait, dans chacune de ses entreprises, soit le
lieu où il devait se rendre, soit ce qu'il avait à
y exécuter.

Les récits même de Grellet nous fournissent
partout une réponse plus ou moins claire à
cette question, et l'on peut ajouter qu'il y a ici
un sujet qui mérite la plus sérieuse attention
des membres de l'Eglise. Mais faisons d'avance
nos réserves, parce que nous sommes ici à
cette frontière indéterminée, à cette mystérieuse limite où l'action de Dieu inspire et do-
mine celle de l'homme. S'il n'est pas permis
de trancher la question par un scepticisme
téméraire, il ne faut pas non plus aller, par
une crédulité mal entendue, au delà de ce qui
peut être constaté.

Etienne Grellet en appelle sans cesse, et dans
ses résolutions et dans ses actes, à l'impulsion
de l'Esprit divin. Il l'invoque, l'interroge, et
admet sans aucune hésitation qu'il est directement accordé à son propre esprit pour le conduire dans la bonne voie.

Que cette direction d'en haut ait souvent été donnée aux serviteurs de Dieu, patriarches, prophètes, apôtres, la Bible en offre les témoignages les plus nombreux et les plus frappants. Que depuis les anciens temps jusqu'à nos jours, la même lumière, le même Esprit ait guidé ceux qui avaient la ferme volonté de servir la cause du Seigneur, nous pouvons en croire des milliers de témoins, appartenant aux diverses communions chrétiennes, et dont la vie aussi bien que le caractère donne un grand poids à leurs affirmations.

C'est là, nous devons le dire, une question qui n'a pas encore obtenu, dans l'économie actuelle de l'Eglise, et de la part des hommes vraiment pieux, l'attention, la place, l'importance qu'elle mériterait d'avoir. Assurément, il serait hors de propos de l'examiner ici sous ses divers aspects. Bornons-nous à dire que s'il y a dans le maintien et le progrès des choses saintes une mission qui réclame plus que toute autre les directions précises et constantes de l'Esprit de Dieu, c'est la carrière d'un évangéliste.

On peut voir combien les convictions d'Etienne Grellet là-dessus étaient fortes et profondes, quand il les exprime, après quarante ans d'expérience, dans les termes suivants : « Que ma

main soit paralysée, que ma langue reste atta-
chée à mon palais, avant que j'oublie combien
les directions de Dieu m'ont donné de tranquillité, de sécurité et de joie, ou que je cesse
d'y rendre témoignage, comme à l'une des
faces de la glorieuse dispensation de l'Evangile ! »

Il y aurait injustice pour lui, cependant, et
pour la cause même, si nous ne tenions
compte que de ses propres sentiments. Il faut
y joindre ce que nous trouvons dans les événements de sa vie pour en confirmer l'évidence,
et nous verrons alors que les convictions de
Grellet étaient habituellement appuyées, non
sur les simples entraînements de l'imagination,
mais sur de vivantes réalités.

Que certains hommes, s'abandonnant à des
hallucinations maladives ou fanatiques, se
soient faussement imaginé qu'ils étaient conduits par l'Esprit de Dieu, et que ces rêves les
aient souvent précipités dans des excès, ou
même dans des crimes qui ont profondément
décrédité la direction d'en haut à laquelle ils
prétendaient obéir, nous ne le contestons point.
Mais tout s'accorde à nous faire voir dans la
vie de Grellet qu'il était réfléchi, sérieux, et
que sa ferveur ne s'emportait jamais jusqu'au
fanatisme.

Il suffit, pour le reconnaître, de l'étudier au dedans, de l'accompagner au dehors, chaque fois qu'il reparaît devant nous. C'est un homme éminemment pratique, judicieux, vigilant, circonspect, ne s'arrêtant pas, il est vrai, aux barrières communes du ministère évangélique, mais s'abstenant de dépasser, dans ses desseins comme dans sa manière d'agir, ce qui est ordonné, soit par le bon sens, soit par l'esprit et les commandements de l'Evangile ; et tout en sollicitant les lumières de l'Esprit de Dieu, tout en croyant à ses directions, il ne négligeait pas d'étudier avec soin et de suivre les voies de la Providence : de sorte que, en se confiant à la puissance du Très-Haut pour lui ouvrir la voie, il s'appliquait constamment à trouver les moyens qui étaient à sa portée pour atteindre le but.

Citons quelques faits.

Et d'abord il nous raconte les sentiments, les impressions qui ont précédé quelques-unes de ses entreprises les plus mémorables.

Environ trois ans avant sa conversion, étant malade de la fièvre jaune, et offrant tous les symptômes d'une mort prochaine, il entend, selon son témoignage, une voix intime, secrète, mais forte, qui lui dit : « Non, tu ne mourras point ; tu vivras ; car ton œuvre n'est pas même encore commencée. » — « Et alors, poursuit Grellet, il me sembla que toutes les contrées de la terre, les mers et les continents s'ouvraient devant moi, en m'appelant à y travailler à l'avancement de l'Evangile de Christ.»

Onze ans après, nous le revoyons atteint d'une grave maladie, dans une chétive cabine de l'Ohio, et la même voix se fait entendre, les mêmes impressions se manifestent en lui.

Pour la troisième fois, sept ans plus tard, lorsque ses deux voyages en Europe avaient déjà réalisé une partie de ses espérances, il est réduit à une telle extrémité dans l'île de Saint-Domingue que les médecins sont prêts à l'abandonner. Mais la pensée, la vue de ce qui lui reste à faire le saisit de nouveau avec puissance, et il entend une voix qui lui dit : « Les jours de ton pèlerinage terrestre ne sont pas encore achevés; il faut que tu visites et instruises les nations lointaines. »

En 1817, au moment de sortir de son foyer pour faire un troisième voyage en Europe, il écrit dans son journal : « Il me semble que je vois un chemin largement ouvert devant moi en Norwége, en Suède, en Russie, dans la Crimée, sur la mer Noire, en Grèce, en Italie, etc.; j'ai la conviction que le Seigneur écartera les obstacles devant mes pas, et aplanira les montagnes pour me conduire au but. »

Enfin, après un accident grave qui lui arriva au nord de l'Angleterre, lorsque ses compagnons le croyaient tué sur place, il ne partagea pas ces craintes, tout en étant hors d'état de les dissiper. « Mon esprit, dit-il plus tard dans son journal, était pénétré d'un profond sentiment de reconnaissance pour l'amour de Dieu en Christ, mon Sauveur. Je sentais, il est vrai, que les roues de la voiture, les pieds des chevaux m'avaient cruellement blessé, et je me rendais parfaitement compte des suites que pouvait entraîner ce fatal accident; mais j'entendais une voix qui disait à mon âme : Ce n'est pas pour toi l'heure de mourir; tu dois vivre encore... Et l'Espagne reparaissait devant le regard de mon esprit, avec le sentiment que le Seigneur m'avait donné une œuvre à y accomplir. »

Si l'on considère ces expériences en elles-mêmes, et indépendamment de ce qui les a suivies, on pourra demander, sans nul doute, s'il y avait réellement ici une voix, une action de l'Esprit de Dieu, et hésiter sur la réponse. Mais quand on voit qu'elles furent presque entièrement réalisées, et que chaque partie de ces œuvres si étendues, si diverses, accompagnées de difficultés si nombreuses, fut exécutée en définitive, on est bien porté à penser qu'il y avait là quelque chose de providentiel. Ne faisons pas intervenir à la légère l'action de Dieu; mais ne la nions pas non plus de parti pris.

Cette conclusion devient encore plus positive, quand on regarde aux moyens qui ont servi à l'accomplissement de ces projets d'évangélisation. Certes, ils n'offrent rien de miraculeux ou de surnaturel, au sens propre du mot, ni même rien que l'on puisse y comparer ; mais ils nous font voir clairement la main de la divine providence, et aucune partie peut-être du journal de Grellet n'est plus remarquable que le récit de ces faits providentiels.

En 1813, il est détourné, empêché par des événements politiques de poursuivre son voyage en Italie, comme il en avait l'intention ; il va de Gênes à Genève et en Suisse, ainsi que nous l'avons déjà raconté, et là il accomplit plus d'une œuvre excellente.

Dans la même année il visite la Bavière, et se sent pressé de plaider auprès du roi la cause de plusieurs catholiques romains, qui étaient persécutés parce qu'ils avaient découvert dans les Ecritures, et proclamé la vérité qui est en Christ. Mais comment un homme obscur, un

étranger pourra-t-il être admis à l'audience du
monarque? Il rencontre le médecin de l'héritier
de la couronne; c'était un homme pieux; ils
s'attachent l'un à l'autre ; et voici, le chemin
est ouvert devant Grellet, sans qu'il y ait eu
presque aucun effort de sa part.

Quatre ans après, il se dirige vers la Russie
avec son ami William Allen, comme on l'a
vu. Les deux amis avaient, il est vrai, pré-
senté une adresse au czar Alexandre, quand il
était venu à Londres, en 1815. Mais pouvait-on
espérer que le czar eût gardé, au bout de plusieurs années, le souvenir d'un fait qui ne devait avoir pour lui qu'une si médiocre importance? Il en fut autrement. Alexandre n'avait
rien oublié ; au contraire, il avait conservé de
la visite des deux quakers une impression profonde : tellement que Grellet, à peine arrivé à
Saint-Pétersbourg, est accueilli dans le palais
impérial avec la plus affectueuse cordialité, et
y exerce la plus salutaire influence.

Poursuivons.

Il débarque aux îles Ioniennes avec une lettre de recommandation de l'ambassadeur anglais à Constantinople pour le lord haut-commissaire. Il n'en pouvait rien attendre de plus,
selon toute probabilité, que l'autorisation de
parler, d'agir librement dans cette contrée.

Mais il obtient beaucoup plus. Dès que le haut-commissaire est informé de l'intention du quaker de visiter Naples et Rome, il lui offre spontanément des lettres d'introduction pour les principaux personnages de ces deux cités, en particulier pour le premier ministre du pape, le cardinal Consalvi, avec lequel il entretenait d'amicales relations.

Arrivé à Naples, Etienne Grellet devient le protégé du ministre d'Etat; il voit tout ce qu'il désirait voir, il fait tout ce qu'il se proposait de faire dans ce royaume, et en partant il reçoit une nouvelle lettre pour Consalvi.

De là un des épisodes les plus remarquables de toute sa vie. Pendant qu'il est à Rome, nous aimons à le redire, il est reçu par le pape avec une bienveillance qu'un disciple de la Réforme ne pouvait guère espérer; il s'entretient avec le chef de l'Eglise catholique comme s'il lui parlait d'égal à égal; il voit s'ouvrir devant lui les écoles, les académies, les prisons, et même les retraites où l'Inquisition a soin de cacher ses instruments de torture.

Il avait ajourné pendant plusieurs années son voyage en Espagne, parce qu'on lui avait annoncé de toute manière qu'il y serait exposé aux plus grands dangers. Enfin, il se dit, en 1833 : « Allons, quoi qu'il en puisse advenir, le moment est venu. » Il se met en route ; et quand il pose le pied dans l'enceinte de Madrid, que trouve-t-il? Un changement d'esprit, de conduite politique, auquel il n'avait pas pris la moindre part, évidemment, et qu'il était impossible de prevoir. C'était pour son action le moment le plus favorable ; car une administration bigote et intolérante venait d'être renversée ; et le monarque espagnol, on peut s'en souvenir, sentait la nécessité de marcher dans une voie plus libérale.

Il serait aisé de recueillir dans ses *Mémoires* bien d'autres faits qui semblent révéler une préparation providentielle, ou la réalité de cette direction d'en haut qu'il invoquait avec tant d'ardeur, et suivait avec tant de fidélité.

En voici un nouvel exemple. Il traversait les Etats-Unis en compagnie d'un pasteur, plus âgé que lui, et à la volonté duquel il devait se conformer. Notre vieux pasteur, ayant achevé dans une localité tout ce qu'il pensait avoir à y faire, voulut aller plus loin, et ils prirent ensemble passage sur un navire. Mais Grellet se sentait agité dans son esprit. « Tout n'est pas accompli pour moi, se disait-il ; j'ai encore à travailler là pour le service de mon divin Maître. » — Eh bien ! qu'arriva-t-il ? Le vent, qui avait été favorable au moment du départ, change tout à coup, et les voyageurs sont contraints de revenir vers l'endroit qu'ils avaient quitté. Aussitôt Grellet se remet à l'œuvre : il achève, il complète ce qu'il avait entrepris; et le lendemain, ils poursuivent tous deux leur voyage sous un ciel serein.

Que l'on n'attache pas à ces coïncidences plus de valeur ou des manifestations plus claires de la direction providentielle qu'il n'appartient à notre intelligence bornée, nous le voulons bien; mais il est intéressant et instructif de les signaler, parce qu'elles servent à élever nos pensées et nos actions de grâces vers Celui qui préside à toutes choses. « L'homme s'agite et Dieu le mène, » a dit un illustre écrivain. Ce n'est pas assez de croire en théorie au gouvernement de Dieu : il faut le chercher, le discerner dans la pratique, et on y parviendra en y regardant mieux. C'était l'habitude de Grellet. Que ce soit donc aussi la nôtre, tout en nous renfermant dans les limites qu'il serait téméraire de franchir!

Puisque nous parlons de ces faits providentiels, ne négligeons pas de dire que notre pieux évangéliste fut l'objet de nombreuses *délivrances*, pour employer l'expression des anciens docteurs. On a vu qu'il échappa trois fois à une mort imminente; et dans combien de rencontres, sur terre et sur mer, il fut garanti de la violence du feu, des flots, des orages, ou protégé contre les attaques d'animaux venimeux, et contre les coups des brigands, des pirates, et d'autres ennemis !

Non, ce n'était point de sa part une vaine illusion de penser qu'il était conduit, soutenu, délivré par une main toute-puissante. Mais il y a dans sa carrière d'autres faits qui semblent montrer que l'Esprit de Dieu le conduisait dans ses paroles comme dans ses actes. Nous nous contenterons d'en citer deux exemples.

Etant à Genève en 1820, il présidait une réunion religieuse dans la maison de l'un des pasteurs, et adressait aux assistants des paroles d'édification. Tout à coup entre un homme peu connu de la famille, ne sachant point ce qui se passe dans cette maison, et complétement étranger à de pareilles assemblées. Grellet l'aperçoit ; et par une impulsion que l'on pourra expliquer de plus d'une manière, il change le sujet de son discours, et s'adresse d'une voix solennelle à quiconque serait tenté de commettre l'horrible crime du suicide. Tout s'arrête là ; mais quelques années après, cet étranger avoue au pasteur qu'il était sur le point de se noyer dans le lac, et que, par un mouvement involontaire, il était entré dans sa maison, où les paroles de Grellet l'avaient détourné d'exécuter son funeste projet.

Autre exemple du même genre dans une assemblée de moraves à Dublin. Grellet y voit entrer une jeune personne qui lui était entièrement inconnue; et s'adressant à elle, il l'exhorte à se défendre contre les dangereuses tentations qui pourraient l'assaillir. Or, quelque temps après, on lui dit que cette personne était à la veille de quitter la maison paternelle, sous la conduite d'un jeune homme de haute naissance, qui l'avait séduite par une fausse promesse de mariage, et que ses graves avertissements l'avaient détournée de tomber dans un piége qui l'aurait couverte d'opprobre, elle et sa famille.

Grellet rapporte d'autres faits analogues; et qui nous révélera ceux dont il ne fut jamais instruit? O esprits sceptiques, hommes incrédules, vous pouvez faire de ces coïncidences un objet de moquerie! Vous pouvez dire que ces rapprochements ne sont qu'un jeu d'imagination. C'est votre droit. Le nôtre est de vous engager à rentrer sérieusement au fond de votre âme; et là vous entendrez peut-être une voix qui vous attestera que l'Esprit de Dieu, la sagesse et l'amour de Dieu conduisent encore les enfants des hommes par des voies diverses et miséricordieuses, qui ne sont pas nos voies !

Prétendrons-nous, après cela, que Grellet ne se soit jamais trompé, qu'il n'ait jamais confondu les suggestions de son propre esprit avec les impulsions de l'Esprit divin? Non, certes ; et quoique nous ne trouvions pas dans ses *Mémoires* des erreurs ou des mécomptes de cette espèce, nous avouerons sans peine qu'il a dû s'en rencontrer dans le cours de ses travaux.

Si Grellet n'y a pas échappé, non plus que tant d'autres fidèles serviteurs de Christ, nous en conclurons seulement que les enfants de Dieu, aussi longtemps qu'ils demeurent ici-bas, mêlent toujours plus ou moins leurs propres infirmités à l'œuvre de l'Esprit qui agit en eux : vérité salutaire, parce qu'elle nous humilie, et qui nous devient d'autant plus évidente que nous sommes nous-mêmes plus avancés dans la foi.

VIII.

Considérons une autre face de notre sujet. Il nous arrivera peut-être de revenir sur quelques traits qui ont déjà été indiqués ; car, dans une vie où l'unité des sentiments et des œuvres tient la première place , il serait difficile de ne pas reproduire certaines observations. Mais quoi ! serait-ce un défaut dans notre travail ? Non , ce sera peut-être une qualité de plus ; car on ne saurait trop bien étudier et connaître un homme tel que Grellet.

Le Tout-Puissant , on le sait , et son nom seul l'indique , n'aurait pas besoin de trouver des points d'appui , des moyens d'action dans les hommes. Il peut exécuter ses desseins sans nous , et par les moyens qu'il lui plaît de choisir. Mais nous savons également que , dans les plans ordinaires de sa providence , lorsqu'il veut que telle œuvre soit accomplie , il em-ploie des instruments qui y correspondent par des qualités naturelles ou acquises , et c'est là ce qui se trouve , sous des formes frappantes , dans la vie de Grellet.

Quiconque voudra lire les récits de ses tra-vaux , et l'accompagner dans les circonstances variées à la fois et difficiles au milieu d'es-quelles il a été placé , se convaincra bientôt que , sous l'assistance particulière de Dieu , il était remarquablement doué pour l'accomplis-sement de la tâche à laquelle il avait été ap-pelé. On l'entend dire , on lui voit faire habi-tuellement ce qui convenait le mieux dans telle situation , pour telle fin déterminée ; et plus on l'étudie de près, plus cette persuasion s'accroît et s'affermit en nous. C'est en quelque sorte l'homme tout entier qui consacre au service de son Maître les dons qu'il a reçus de lui.

Essayons d'en donner une courte analyse.

D'abord, une vue prompte, exacte, de l'état réel des hommes et des choses; un esprit bien cultivé; un jugement pénétrant et droit; des affections vives, une bienveillance persévérante, quoi qu'on puisse faire pour la refroidir; un empire constant sur soi-même; la présence d'esprit, qualité rare qui fait trouver et dire ce qu'il faut dans le moment convenable; une bonté, une douceur qui n'excluaient pas la fermeté vraie et virile : nous voyons tout cela en exemple, en action, quand les circonstances le demandent.

Ensuite, des qualités d'une moindre valeur spirituelle et morale, nous en convenons, mais qui ne lui furent guère moins utiles : une grande aisance dans les manières; les formes polies d'un homme de bonne famille et bien élevé; beaucoup de tact, espèce d'héritage qui se transmet, comme les propriétés territoriales, dans certaines maisons; le facile usage de la langue française, qui est plus qu'aucune autre un moyen de relation avec les hautes classes de l'Europe; enfin, une constitution robuste, qui lui permit, comme nous aurons encore lieu de le voir, d'entreprendre tant de voyages et de supporter tant de fatigues.

Assurément, toutes ces qualités, quelque remarquables qu'elles fussent, n'auraient pas. suffi pour lui faire obtenir tant de succès dans la carrière d'évangéliste, s'il avait été réduit à elles seules. Mais en y voyant des instruments placés entre les mains de Dieu, conduits et dirigés par son Esprit, on n'en saurait méconnaître l'importance.

Il nous est impossible de voir exactement où l'action divine et l'action humaine se rencontrent. Nous ne pouvons pas non plus délimiter leurs domaines respectifs ; mais nous savons qu'elles doivent marcher, travailler ensemble, parce que l'homme, selon la parole de l'Apôtre, doit être ouvrier avec Dieu, et nous découvrons, en effet, cette double action dans les œuvres de Grellet.

Bien qu'il n'eût jamais étudié les règles de l'art oratoire, sa prédication arrachait souvent des larmes à de nombreux auditeurs, et aux plus cultivés comme aux plus ignorants.

Il ne connaissait ni les ruses, ni les détours, ni cet art de flatter, qui ouvrent tant de portes ; et cependant on croirait, à lire ses *Mémoires*, qu'il possédait des moyens extraordinaires pour

se faire admettre auprès des personnages de
tout rang et de toute culture intellectuelle. On
a pu s'étonner, dans le dix-huitième siècle, de
voir de simples littérateurs ou philosophes
français entretenir des rapports familiers avec
les têtes couronnées de l'Allemagne et du Nord.
Grellet en a offert dans notre siècle des exemples qui sont moins connus, mais qui furent
plus utiles à l'humanité.

Ne parlons plus de ses relations avec l'empereur de Russie, mais de celles qu'il eut avec
des hommes d'Etat qui pouvaient également
servir la cause de l'Evangile.

Pendant une longue résidence à Saint-Pétersbourg, il passe régulièrement deux heures,
chaque semaine, lui et son ami, William Allen,
avec le prince Alexandre Galitzin, chef du cabinet impérial, et ils se livrent ensemble à des
exercices de prières et d'édification.

A Constantinople, les ambassadeurs de toutes
les puissances européennes, sans excepter les
catholiques romains, se réunissent à l'hôtel de
l'ambassadeur anglais, et écoutent avec recueil-
lement les exhortations de notre évangéliste.

A Paris, M. le duc de Broglie, président du
conseil des ministres, convoque, pour le même
objet, une réunion de personnes de haut rang.

A Vienne, le prince Esterhazy le reçoit dans

son intimité, et lui prête le concours le plus affectueux et le plus actif en toutes choses.

A Dublin, — nous sommes ici moins haut, mais c'est un fait plus rare et plus curieux, — un amiral anglais retarde de plusieurs heures ce qu'on nomme *la presse des matelots*, afin de leur laisser le temps d'assister à une assemblée religieuse présidée par Grellet, et de s'y rendre lui-même.

En Russie, en Italie, et ailleurs, il se rencontre avec de hauts dignitaires de l'Eglise grecque, ou de l'Eglise catholique romaine. Il y avait entre eux et lui, on le comprend, les plus grandes différences d'idées et d'habitudes, mais il n'importe. Chacun rend hommage à la piété de Grellet, admire son zèle, honore son caractère; et nous voyons encore ici combien il était propre à gagner la confiance et l'affection de tous.

On lui a même permis, dans un grand nombre d'occasions, de tenir des discours, de poursuivre des desseins pour lesquels personne au monde n'eût trouvé le même accueil; et ces incidents sont tellement extraordinaires, qu'on se refuserait à y croire, s'ils n'étaient appuyés sur des témoignages authentiques, non-seulement dans le journal de Grellet, mais dans d'autres documents.

Il visite des établissements qui appartiennent aux Eglises d'Occident et d'Orient, — colléges, écoles, hôpitaux, monastères, — et là il ne se borne pas à enseigner les grandes vérités de l'Evangile, mais il combat les erreurs, les superstitions de ceux qui l'écoutent; et on le laisse parler, sans s'irriter, ni essayer même de lui fermer la bouche!

Ainsi à Naples, il est introduit dans un hospice où se trouvent quatre cents orphelines, ou enfants trouvés, dont l'éducation est confiée à des prêtres et des religieuses. On l'invite à entrer dans la chapelle. C'était l'heure du service. Grellet accepte sous la condition de pouvoir dire ce qu'il jugera utile et bon, et d'avoir un prêtre pour interpréter son discours en italien. On y consent; et il saisit cette occasion, non-seulement pour annoncer le salut en Christ crucifié, mais pour combattre le culte des images, et on le laisse aller jusqu'au bout!

A Rome, il est dans une académie qui compte six cents étudiants, et des ecclésiastiques sont assemblés en grand nombre autour de lui. L'un d'eux lui sert encore d'interprète, et là, pour nous servir de ses propres expressions, « le Seigneur lui donna le courage et la force de proclamer la vérité éternelle. » Son interprète s'acquitta exactement de l'office qui lui était confié ; car Grellet savait assez d'italien pour apprécier la fidélité de l'interprétation.

Nous avons dit que la fermeté était l'un de ses traits caractéristiques, et il en donna une nouvelle preuve à Rome. Le pape l'avait autorisé à visiter les bâtiments de l'Inquisition. Après avoir parcouru les cellules qui étaient vides en ce temps-là, on le conduit dans la vaste bibliothèque ouverte au public. Mais Grellet n'ignorait pas qu'il y avait une autre bibliothèque *secrète*. Il demande à y entrer ; ses guides s'y opposent obstinément ; mais il persiste avec énergie, en disant qu'il a obtenu le droit de *tout voir*.

On cède enfin à ses réclamations. Il peut examiner à son aise les livres, les manuscrits de toute langue, condamnés par le saint office. Il prend connaissance des motifs de la condamnation, qui sont indiqués en tête de chaque ouvrage, et consacre tout le temps qu'il juge nécessaire à l'examen du contenu de ces écrits. Après cela, il est admis dans le cabinet du secrétariat, où sont déposées les archives de l'Inquisition. Il étudie à loisir les pièces, les procédures de ce qui s'est passé dans les sombres caveaux de ce formidable tribunal. Il peut s'initier à l'histoire de chaque prisonnier ; il s'instruit des accusations qui pesaient sur lui, des tortures auxquelles il a été soumis, du jour où il a été remis en liberté, ou du genre de mort qu'il a subi.

Là était la puissance de l'homme religieux et moral. Mais revenons aussi pour quelques moments à l'homme physique, afin de voir comment la vigueur de sa constitution, en lui faisant supporter les privations matérielles sans trop d'effort, le seconda dans ses travaux.

Trois ans après sa conversion, c'est-à-dire lorsqu'il avait encore toutes les ressources du jeune âge, il prend la résolution d'aller à Philadelphie. La fièvre jaune y faisait de nombreuses victimes ; ceux qui pouvaient s'éloigner de cette cité si cruellement frappée avaient pris la fuite. Eh bien ! Grellet suit la voie inverse. Il pouvait rester loin de Philadelphie, et il y vient pour soigner les malades, pour consoler ceux dont les foyers étaient déserts, pour offrir à tous un cœur sympathique et une main fraternelle.

Ce dévouement, secondé par ses forces physiques, le conduisit dans les prisons, les hôpitaux, les lazarets, malgré l'air infect qu'il y fallait respirer. Il ne s'exposait pas sans motif à un péril de mort ; mais il l'affrontait, l'acceptait sans crainte, quand il entendait l'appel de la charité.

Même renoncement dans ses longs voyages par terre et par mer, où il n'était pas toujours possible de pourvoir à ses besoins matériels. Il eut souvent à souffrir de la faim et du froid. Il nous raconte que, dans telle ou telle occurrence, il avait à peine un peu de nourriture dans tout le cours d'une journée, et qu'il en fut quelquefois réduit à mâcher des écorces d'arbre pour tromper sa souffrance, ou la calmer.

La patience, la sérénité d'esprit ne l'abandonnaient pas sous le poids de ces dures privations; et l'ardeur qu'il apportait au service de son Maître était si grande, si forte, qu'elle lui ôtait en quelque sorte le sentiment de ses douleurs physiques.

L'aisance et l'abondance revenaient pour lui, autour de lui, quand il pouvait se rasseoir à son foyer ou à la table de ses frères. Mais alors il prenait soin de modérer ses appétits, comme il avait eu la force d'endurer les privations. Il montrait toujours, partout, dans ses habitudes personnelles, le disciple ou le ministre de Christ.

Terminons ce chapitre par un trait de son caractère qui n'est pas moins digne d'attention que les précédents. Nous voulons parler de l'opinion modeste qu'il avait de lui-même, de cette humilité dont il avait trouvé le sublime exemple en Jésus, et qu'il s'appliquait à imiter.

En le voyant admis dans l'intimité des grands du monde, comblé de leurs témoignages d'estime et de confiance, entouré de la vénération, ou même de l'admiration générale, on ne serait pas surpris de trouver en lui, dans ses sentiments, ses paroles, ses actes, quelques mouvements d'orgueil, ou quelques indices de l'opinion qu'il se serait faite de son importance personnelle. On s'élève aisément sur le piédestal des hommages dont on est entouré, et Grellet aurait pu, sans en avoir conscience, céder à cette tentation de la vanité, qui est si prompte à se manifester dans notre pauvre nature humaine.

Qu'il y ait parfois succombé au fond de son cœur, c'est possible, ou même probable. Nous ne traçons pas un idéal ; nous étudions une vivante réalité, et Grellet avait certainement sa part de nos communes misères. Mais il faut dire aussi, car cela est également réel, que rien de ce qui mériterait le reproche d'orgueil ne se trouve dans les pages intimes de son journal, ni au dehors. Il est habituellement modeste et sans prétention ; il s'arrête à la juste limite de ce qu'il pouvait estimer en soi, et l'on voit clairement qu'il regardait bien plus à son divin Maître qu'à lui-même. Quel prix pouvait-il attacher à sa gloire personnelle ? Ne devait-elle pas s'effacer devant la suprême et immuable gloire de Jésus, comme la faible lumière d'une lampe devant les rayons de l'astre du jour ?

IX.

Il est temps de finir.

Nous avons vu Etienne Grellet achever son dernier voyage en Europe, et reprendre le chemin des Etats-Unis en 1834. Il avait alors dépassé l'âge de soixante ans. Il était entré dans cette période que le docteur Chalmers nomme la *décade sabbatique* de la vie humaine. Le reste de sa carrière peut se raconter en peu de mots, quoiqu'il contienne un espace de plus de vingt ans.

Grellet poursuivit ses travaux évangéliques sur le sol américain, aussi longtemps qu'il en eut la force. Mais vers l'âge de soixante et dix ans, il fut atteint d'une infirmité grave et douloureuse, qui le ressaisit fréquemment dans la suite de son pèlerinage terrestre, et depuis lors il fut contraint de rester habituellement sous son toit.

Profitons donc de cette retraite qui lui était

devenue nécessaire, et après avoir accompagné l'évangéliste, l'infatigable missionnaire dans ses voyages, arrêtons-nous devant les expériences intimes d'Etienne Grellet.

Qu'il ait éprouvé une pénible sollicitude à la vue des misères de l'humanité, et maintes fois gémi, non-seulement sur l'incrédulité et la mondanité de ses semblables, mais sur ses propres défaillances, on le voit souvent dans ses *Mémoires*. L'homme, le prédicateur, le pasteur, le frère, qui s'unissaient en lui, expliquent ces douleurs.

Mais hâtons-nous de dire, — et lors même que nous ne le dirions pas, le lecteur pieux n'aurait pas manqué de le penser en lui-même, — Grellet a senti, savouré dans une grande mesure les joies du salut en Christ crucifié.

On lit dans une lettre qu'il écrivait durant l'un de ses voyages aux Etats-Unis : « Les nuages qui se dissipent à l'horizon, au lever d'un beau jour, ne sont qu'une faible image de l'amour divin, de la vie divine, devant lesquels s'évanouissaient toutes les ténèbres de mon âme dans le cours de cette journée. Il me semblait que j'étais plongé dans l'océan de l'amour éternel. »

De même dans ses dernières lettres ; partout l'effusion d'une âme qui ne trouve pas de termes suffisants pour exprimer toute sa reconnaissance envers Dieu. « Sa bonté et sa miséricorde, dit-il, m'ont accompagné pendant tous les jours de ma vie. »

En parlant d'une maladie dont il eut à souffrir après son dernier retour de l'Europe, il représente ce temps d'épreuve comme l'une des époques les plus heureuses de sa longue carrière : « J'étais si fortifié, consolé, rafraîchi par la présence de mon adorable Rédempteur, écrit-il, que ma coupe en débordait. »

Il dit encore pendant la première attaque de la maladie que nous avons mentionnée : « Mon Sauveur est ma joie, mon salut, le rocher de ma force, mon cantique, mon espérance à toujours. Que pourrais-je faire, sinon bénir et adorer ses miséricordes? »

L'année suivante, il écrit de nouveau avec le même sentiment de bonheur : « Quand j'étais près de m'endormir, quand je me réveillais, ou que la violence de la fièvre produisait en moi une agitation qui ressemblait au délire, les pensées de mon âme se tournaient vers le Seigneur ; elles étaient douces, consolantes, fortifiantes. »

Plus tard, sous de nouvelles attaques de sa maladie, il représente la bonté du Seigneur comme étant si forte, si profondément agissante en lui, qu'elle faisait dominer « la voix de ses actions de grâces sur les gémissements que ses cruelles souffrances l'empêchaient de comprimer. »

Il avait alors atteint l'âge de soixante et quatorze ans, et ne pouvait plus sortir de son foyer que pour de courtes excursions. Mais il allait encore, à certains intervalles, visiter ses frères *de maison en maison;* et à moins d'impossibilité complète, il ne se laissait arrêter ni par la rigueur de la température, ni par ses souffrances physiques, lorsque l'heure de s'unir à ses amis dans la prédication et l'adoration avait sonné.

Il parlait quelquefois, il priait avec eux, pour eux ; et ses discours, selon le témoignage de ceux qui l'ont entendu, étaient pénétrés d'une sainte onction. La dernière fois qu'il se trouva parmi eux (c'était une semaine seulement avant sa mort), il insista avec beaucoup de ferveur sur les *joies de la foi.* Et se voyant forcé par son état de souffrance de sortir de l'assemblée, il revint sur le même sujet dans ses méditations personnelles, et on l'entendit s'écrier à l'une de ses dernières heures : « La foi ne nous donne pas seulement la paix ; elle nous donne la joie, une grande joie... Oh ! combien le Seigneur a été bon envers moi ! »

Ne se rappelle-t-on pas, en écoutant ces paroles, le témoignage rendu à l'Evangile par Blaise Pascal, dans une nuit de ravissement, lorsqu'il écrivit sur une feuille de papier, dont il ne se sépara plus : « Joie, joie, joie en Christ, et pleurs de joie ! » Les vrais croyants sont *un* dans le Dieu-Sauveur, et cette unité leur fait goûter les mêmes expériences, et prononcer les mêmes paroles d'amour et de gratitude.

Revenons à Grellet. Il attendit avec patience le jour où il plairait au Seigneur de redemander son âme. Il crut plus d'une fois que l'heure de son départ était venue ; et loin de s'en attrister, il en bénissait Dieu. Mais sa vie se prolongea encore pendant quelques années.

Enfin, dans les derniers jours de 1855, il s'en alla vers son Dieu et notre Dieu, vers son Père et notre Père, avec une tranquillité d'esprit, une sérénité d'âme, et une ferme espérance qui l'accompagnèrent jusqu'au moment suprême.

A la vue de ce vieux serviteur de Christ, qui se réjouit de partir, en s'appuyant sur l'amour de son divin Maître, nous nous disons qu'une joie incomparablement plus grande l'attendait au delà du tombeau, devant le trône de notre Père céleste, et il nous semble entendre cette bénédiction qui dépasse toute intelligence, toute expression humaine : « Cela va bien, bon et fidèle serviteur ; tu as été fidèle en peu de chose ; je t'établirai sur beaucoup ; entre dans la joie de ton Seigneur. »

Qui nous révélera les mystères du monde à venir? et comment peindre le bonheur des élus?

Nous avons pu apercevoir çà et là les précieux fruits des travaux d'Etienne Grellet. Mais en le suivant d'un voyage à l'autre, aux diverses époques de sa vie, nous comprenons bien qu'il n'a pas connu lui-même tout ce qu'il lui a été donné d'accomplir. Pour combien d'âmes immortelles il a été, sans le savoir, un moyen de lumière et de foi, de relèvement et de sanctification ! L'étendue de son œuvre ne sera pleinement connue que dans le grand jour où toutes choses seront pleinement manifestées ; et alors, qui pourrait en douter ? il se trouvera des frères, dont notre évangéliste n'a pas même entendu prononcer les noms ici-bas, portant la couronne de justice, et se réjouissant d'une joie éternelle.

CONCLUSION.

Notre notice est achevée.

Nous n'avons pas besoin de la recommander aux méditations et aux prières de ceux qui l'ont lue, à moins qu'ils n'aient complétement renoncé aux plus précieux des priviléges, ceux de la foi chrétienne. Ils y apprendront ce que c'est que le renoncement à soi, le dévouement du cœur à la cause de l'Evangile, le véritable amour de Dieu et du prochain.

Mais il y a quelques utiles enseignements à puiser dans la vie d'Etienne Grellet, et nous ne voulons pas nous séparer du lecteur avant de les avoir brièvement exposés.

Représentons-nous bien, avant tout, que nous avons eu devant les yeux un *évangéliste*, ou un serviteur de l'Evangile qui s'est fait un devoir d'aller constamment de lieu en lieu pour travailler à l'avancement du règne de son Maître. Les apôtres, et plusieurs de leurs compagnons d'œuvre ont été des évangélistes dans le même sens, à la fois général et spécial. Quelques-uns des réformateurs du seizième siècle ont suivi la même voie. C'est l'une des conditions des grands réveils et des grandes choses.

Puis vint une période de formalisme, d'alanguissement dans les communions de la Réforme, et l'on entendit peu parler de ces vastes œuvres d'évangélisation. Faisons quelques exceptions cependant : d'abord, pour la Société des Amis qui, dès son origine, compta des ministres, des évangélistes, qui se consacrèrent tout entiers, et avec constance, aux progrès de la vérité chrétienne ; ensuite quelques hommes dont nous avons déjà cité les noms, Whitefield, Wesley, et plusieurs de leurs frères, qui ont, sous la bénédiction de Dieu, provoqué un réveil dont les conséquences pour l'Angleterre et l'Amérique ont été, même au point de vue social, plus grandes, plus profondes qu'on ne le suppose communément. Joignons-leur les Frères-Moraves, qui ont aussi été puissants en paroles et en œuvres, jusque dans les pays les plus lointains.

De nos jours, il y a encore quelques évangélistes qui se lèvent dans les différentes sections de l'Eglise, et nos cœurs s'en réjouissent, parce que nous espérons trouver en eux des gages et des instruments de nouveaux réveils.

La question qui se présente à notre méditation est celle-ci, et il vaut la peine d'y réfléchir : Ce genre d'évangélisation ne doit-il être regardé que comme une méthode exception-nelle, une force employée dans des circonstan-ces rares, pour une fin momentanée; ou bien doit-il avoir une place permanente dans le gouvernement et l'action de l'Eglise chrétienne ? Il faudrait de longs éclaircissements pour ré-soudre une si grave question. Il nous suffira de remarquer que la nature même des choses, les expériences des premiers siècles et du sei-zième, les exemples des âges plus modernes : tout semble nous amener à cette conclusion qu'il doit y avoir de tout temps dans l'Eglise une place pour les travaux des évangélistes ou des prédicateurs itinérants, comme pour ceux des pasteurs à poste fixe, et qu'il y a là un puissant moyen de garder, de protéger le trou-peau de Christ et de l'accroître.

Allons plus loin.

Grellet ne se bornait pas à tenir ou à édifier de grandes assemblées. Il s'appliquait, autant que possible, à prêcher l'Evangile de maison à maison, et à édifier âme après âme, pour ainsi parler. C'était également une coutume empruntée à l'Eglise primitive ou aux temps apostoliques. Les quakers, ou Amis, l'ont main-tenue. Elle n'est, certes, pas étrangère aux au-tres communions ; les visites pastorales y sont recommandées et pratiquées. Mais cette *évan-gélisation individuelle* ou *domestique*, dans le sens complet du terme, est-elle estimée à sa juste valeur? Est-elle mise en pratique avec une suffisante persévérance ? Y apporte-t-on, en général, une piété courageuse et bien décidée? C'est encore une question que nous laissons à résoudre à ceux qui doivent y voir une obligation de conscience.

Continuons.

Etienne Grellet, comme nous l'avons assez souvent remarqué, ne renfermait pas son œuvre d'évangéliste dans une enceinte rigoureusement circonscrite, ou dans des catégories de personnes strictement déterminées. Il allait au dehors, plus haut et plus bas. Il s'adressait à des classes, à des individus qui sont rarement les objets de l'activité spirituelle des pasteurs. Qu'il y ait des réserves à s'imposer, des barrières devant lesquelles on doive s'arrêter, nul doute là-dessus. Mais les travaux de bien des pasteurs ne sont-ils pas trop restreints, trop limités par d'anciennes habitudes? Et si les disciples de Christ étaient animés d'un plus grand zèle pour le salut des âmes, s'ils imploraient d'un esprit plus sérieux, d'une âme plus confiante les directions de Celui qu'ils ont promis de servir et de glorifier, ne verraient-ils pas s'ouvrir devant eux des champs de travail souvent négligés, ou même complétement abandonnés ? De la prudence, oui ; mais ne la confondons pas avec la faiblesse, et prenons garde que la crainte des hommes ne nous rende infidèles à Dieu.

Ces réflexions nous amènent à parler d'une autre question qui n'est pas moins importante pour l'Eglise, à savoir, de l'exercice, ou du bon emploi des dons spirituels. Aucune organisation ecclésiastique, quels que soient ses mérites, ne saurait satisfaire à tous les grands objets pour lesquels l'Eglise a été établie, si elle ne laisse la porte ouverte au libre exercice des dons que l'Esprit de Dieu daigne distribuer à chacun de ses membres. En est-il ainsi dans la plupart des établissements ecclésiastiques de notre époque? A-t-on suffisamment compris que des cadres déterminés et construits par des mains d'hommes ne peuvent pas contenir tout ce qui est de source divine?

Nous ne le nions point : l'accord du bon ordre avec la liberté est un problème très-difficile à résoudre; il l'est dans les choses spirituelles encore plus peut-être que dans les matières sociales. Mais la conciliation des deux termes est-elle réellement impossible? Ce serait, à notre sens, ne pas estimer assez haut la puissance et les grâces du Chef suprême de l'Eglise.

Gardons-nous aussi de tenir trop peu de compte des efforts de Grellet pour développer le bien-être matériel ou temporel de ses semblables. Tout en laissant à la première place la conversion, le salut, qui est l'essentiel objet de la prédication évangélique, on peut se préoccuper des légitimes intérêts de la vie présente, et on le doit; car de nombreuses expériences prouvent que l'un vient en aide à l'autre, et que si l'on combat les causes du paupérisme ou de la misère, on prépare la voie à la vie chrétienne.

Une application de ces principes a été récemment faite par des sociétés anglaises. Elles ont envoyé parmi les tribus sauvages, dans les pays livrés à l'idolâtrie, des missionnaires qui avaient uni à leurs connaissances religieuses des études médicales. N'est-ce pas une sage et heureuse idée ?

Nous ne demandons point, assurément, que les ministres de Christ s'attachent toujours, ni partout, à combiner dans leurs travaux les intérêts matériels avec les biens spirituels. Les deux domaines ne doivent pas être confondus. Mais il est permis de demander s'ils ne sont pas trop souvent séparés, et si l'action du ministère évangélique n'aurait pas plus d'autorité, plus d'étendue, lorsque les pasteurs seraient mieux instruits de ce qui tient aux améliorations sociales, et plus disposés à y mettre la main ?

Une dernière observation, qui s'applique également aux pasteurs, ne doit pas être négligée. Nous la faisons sans y apporter aucun sentiment de critique ou de malveillance, mais parce qu'elle peut donner un utile avertissement.

Voici un serviteur de l'Evangile qui, possédant les aptitudes nécessaires à l'acquisition d'une grande fortune, et placé à la tête d'une maison d'affaires où il pouvait y réussir, traite les richesses, ainsi que la position qu'elles donnent à celui qui les possède, comme une chose de valeur secondaire, et les subordonne à son ardent désir de gagner des âmes à Christ.

Est-ce là ce que nous voyons habituellement? Le service de Mammon, ou l'amour de l'argent, n'est-il pas trop prédominant, jusque dans l'Eglise même, en Angleterre, en Amérique et partout, sur le service de Dieu, ou l'amour des âmes, de sa propre âme? N'est-ce pas l'une des grandes plaies de notre époque ?

Il faut pourvoir, sans contredit, aux besoins des membres de sa famille et à leur avenir,

Tenons-nous en garde contre les aberrations des ascètes qui pensaient qu'une pauvreté extrême était la meilleure préparation à l'entrée du royaume des cieux. Mais ne nous gardons pas moins de l'excès opposé.

N'est-il pas pénible de voir combien est petit le nombre de ceux qui, ayant hérité de grands biens, et possédant des qualités propres à servir l'Eglise, tout en ne lui imposant aucun sacrifice, consentent à une diminution de bénéfices dans leurs affaires industrielles ou commerciales, comme l'a fait Etienne Grellet, afin de consacrer une partie de leur temps et de leurs forces à une plus haute vocation? Il y aurait là, nous l'accordons, quelques difficultés; mais les obstacles disparaissent, les barrières tombent devant la ferme volonté d'obéir aux appels du Seigneur.

Ce serait, nous en sommes persuadé, le moyen de réveiller les Eglises; et à mesure que s'étendrait le réveil, la pieuse et sainte abnégation d'Etienne Grellet trouverait de plus nombreux imitateurs.

Que chacun médite sérieusement sur ce qu'il vient de lire, et demande au Père des miséricordes de pouvoir l'appliquer à soi-même! On ne se repent jamais d'avoir été trop fidèle ou trop dévoué. « Le sentier des justes, comme nous l'a montré l'exemple d'Etienne Grellet, est comme la lumière resplendissante, qui augmente son éclat jusqu'à ce que le jour soit en sa perfection. »

FIN.

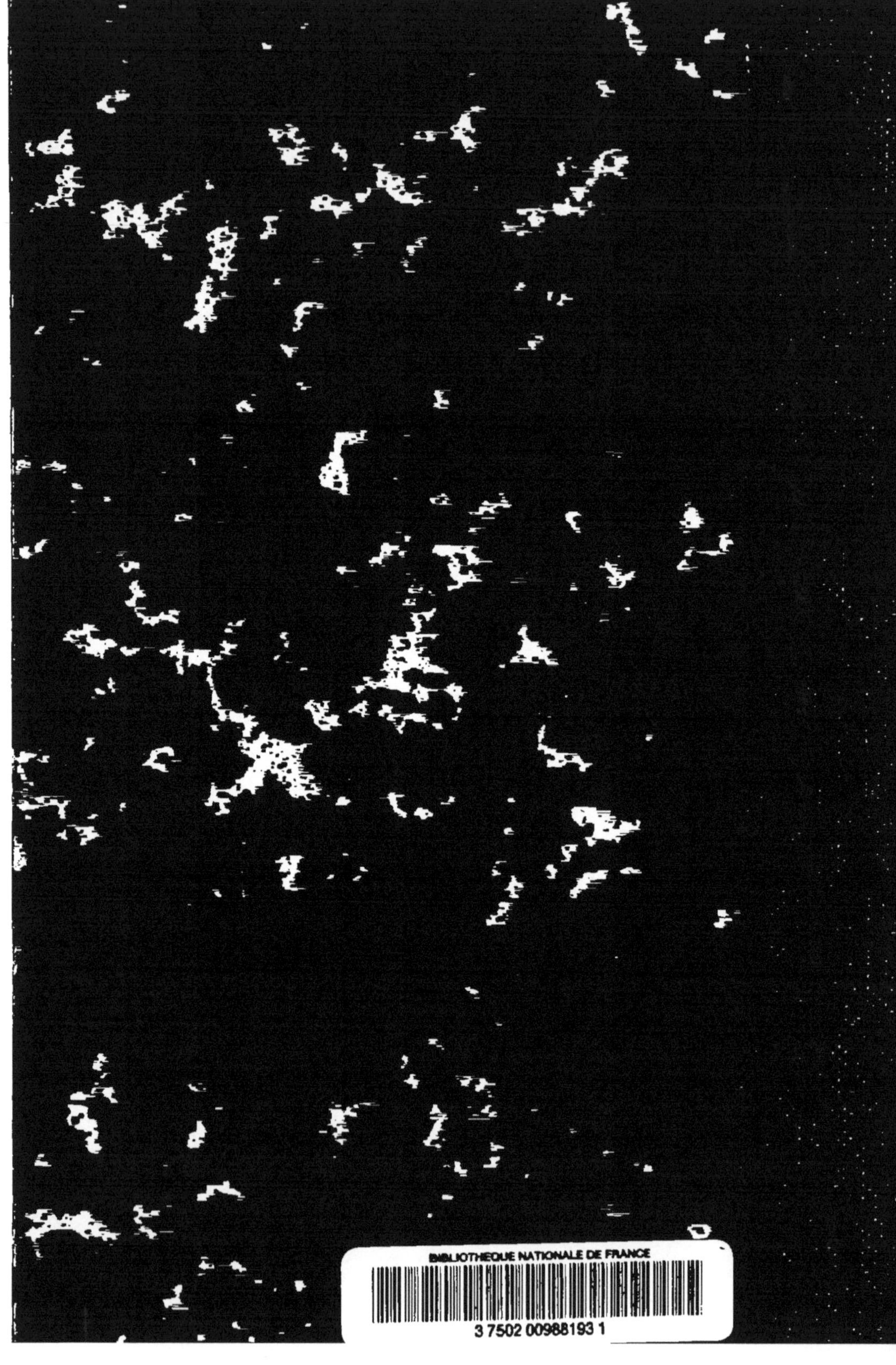

Milton Keynes UK
Ingram Content Group UK Ltd.
UKHW010636140324
439439UK00007B/954